Gourous,
sorciers et savants

Henri BROCH

Gourous, sorciers et savants

Préface de Georges Charpak

Odile Jacob

15, RUE SOUFFLOT, 75005 PARIS

www.odilejacob.fr

ISBN 2-7381-1739-2

Préface de Georges Charpak

SORCELLERIE OU SCIENCE : QUI VA L'EMPORTER ?

Êtes-vous devenus sorciers et savants ? Dansez-vous pieds nus sur des braises ? Animez-vous à grande distance des objets d'un poids colossal ? Prédisez-vous l'avenir ? Percez-vous les secrets les plus cachés de gens qui vous sont totalement inconnus ?

Si oui, c'est que vous avez totalement assimilé le livre qu'Henri Broch et moi-même avons écrit précédemment, Devenez sorciers, devenez savants[1]. *Mais vous avez aussi appris à connaître le doute et à ne pas considérer que tout peut être facilement expliqué. Vous pouvez être roulé et la nature ne révèle pas facilement tous ses secrets.*

1. Odile Jacob, 2002.

Vous avez également appris à apprécier l'existence de phénomènes peu probables et vous avez acquis le respect du calcul de probabilités. Vous savez désormais comment faire croire à des foules immenses des sornettes en raison de l'absence quasi générale de l'apprentissage, dès la tendre enfance, du raisonnement scientifique. Mais aussi en raison de l'exploitation de cette ignorance par des professionnels qui y trouvent leur gagne-pain, ou bien un tremplin pour des carrières politiques juteuses, lorsque les enjeux sont des enjeux importants pour la société, comme l'énergie ou la santé. Vous êtes même parfois effrayés par l'impact qu'ils peuvent avoir sur l'avenir des sociétés humaines.

Malgré le succès de Devenez sorciers, devenez savants, *le poids énorme des sorciers, devins, astrologues, menteurs, tricheurs de tout acabit dans notre société n'a pas bougé d'un fil de toile d'araignée. Ils ont, dans les pays les plus civilisés, gagné le contrôle partiel des milieux médiatiques et exercent un pouvoir qui ne pourra être rogné qu'aux prix de progrès immenses dans l'éducation.*

Il suffit de voir que, dans l'enseignement public même, une expérience d'astropédagogie a été tentée sous la responsabilité du principal d'un collège du sud de la France. Trois ans d'une enquête statistique sur les « lunes » avait été lancée pour trouver une correspondance entre les indications données par les maîtres du primaire sur le comportement de l'enfant et celles résultant de son « potentiel lunaire ». À une surprenante unanimité, dès la rentrée 1992, on avait procédé à la « constitution de quatre classes expérimentales de sixième et d'équipes pédagogiques associées selon la dialec-

tique Soleil/Lune ». Puis d'autres classes expérimentales furent créées dans ce collège public et une orientation astrale fut instituée l'année suivante parmi les élèves : en sixième, les « lents » (Lunes d'eau et de terre) étaient séparés des « rapides » (Lunes de feu et d'air). En cinquième, trois classes distinguaient les « actifs », les « rêveurs » et les « sérieux », rejoints par les « curieux ».

Les promoteurs de l'expérience proclamaient leur intention de poursuivre et d'affiner leurs observations pendant l'année scolaire 1994-1995. Mais voilà, les horoscopes ne peuvent pas tout prédire, à moins que ces astropédagogues n'aient pas su lire dans les astres qu'un syndicat d'enseignants serait la cause de leur désastre ! Il a en effet saisi l'inspection académique qui a immédiatement mis fin à cette expérience. Or, comme le dit en conclusion Jean-Paul Krivine, « ce qui est finalement le plus surprenant dans cette histoire est la vraisemblable bonne foi des enseignants : l'astrologie n'a, à leurs yeux, pas moins de légitimité que l'astrophysique ».

Il est donc clair que si on assiste aujourd'hui en France à l'essor réconfortant de l'enseignement des sciences dès l'école primaire[2]*, de vastes chantiers s'ouvrent pour notre XXI*e *siècle : l'extension de méthodes modernes d'éducation aux collèges et lycées, la formation continue des adultes, puis une prise de pouvoir des moyens de communication, bref une révolution mondiale, une « mazette », quoi !*

---

2. G. Charpak, P. Léna, Y. Quéré, *L'Enfant et la Science. L'aventure de La main à la pâte*, Paris, Odile Jacob, 2005.

Car il n'est pas vrai que le bon sens soit la chose du monde la mieux partagée ; l'essor de la science et de son enseignement nous donne les moyens de résister à la déferlante d'obscurantisme qui s'est abattue sur la planète.

Mais lorsqu'on contemple ce qui attend les sociétés modernes incapables de gérer les retombées galopantes de la science, on ne peut qu'être soucieux, mais pas forcément désespéré.

Le travail d'Henri Broch, visant à poursuivre dans son domaine la traque aux obscurantismes, est un grand pas dans la direction du sauvetage des droits de la raison humaine.

Georges Charpak

INTRODUCTION

> « Comme je me suis moins proposé de t'instruire que de t'exercer, il m'importe peu que tu adoptes mes idées ou que tu les rejettes, pourvu qu'elles emploient toute ton attention. »
>
> DIDEROT

Des enfants de maternelle, au cours d'un test oral de logique, ont dû répondre à la question suivante :

« Dans quelle direction croyez-vous que l'autobus suivant se dirige ? »

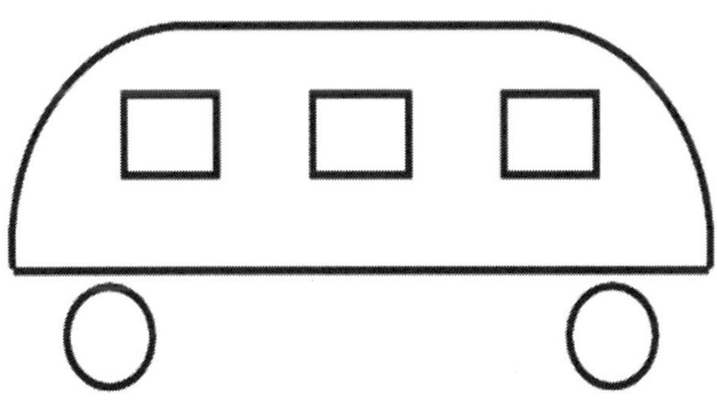

Nous, adultes, que répondrions-nous ?

Concentrons-nous sur le dessin de l'autobus. Il y a seulement deux réponses possibles : vers la gauche ou vers la droite. Laquelle est la bonne ?

La majorité des enfants a trouvé la bonne réponse immédiatement.

Vous n'avez pas deviné ? Pour ma part, j'avoue ne pas avoir trouvé la réponse.

Comment expliquer cette différence de performance entre des bambins au seuil de la réflexion et des adultes bardés de compétences ? Serions-nous doués dès la naissance de pouvoirs extrasensoriels, supranaturels, parapsychologiques ? Serions-nous alors capables de divination extragalactique ? Serait-ce le contact avec les astres qui ont présidé à notre naissance qui nous rendrait encore – mais pour combien de temps ? – extralucides ?

Perdrions-nous ces facultés extraordinaires, hors normes, à mesure que nous grandissons et que, précisément, nous nous normalisons ? Serait-ce comme pour les langues que nous serions capables de toutes parler au début de notre existence ? L'apprentissage de notre langue maternelle ne passe-t-il pas par l'élimination de nos aptitudes à parler toutes les autres langues – ce qui fait que l'acquisition d'une langue étrangère devient un véritable calvaire à mesure que le temps passe ?

À dire vrai, je n'en sais rien. Mais ce que je sais, c'est qu'aucune démonstration de l'existence d'un quelconque effet psi ne m'a paru convaincante. Faute de satisfaire aux normes élémentaires de rigueur quand il ne s'agit pas, tout simplement, de spéculer sur notre crédulité. L'objet de ce livre n'est donc pas de démontrer que les pouvoirs psi n'existent pas. Ce serait mission impossible. Nous nous proposons plutôt de passer au crible des exigences scientifiques un certain nombre de prétentions parapsychologiques. Ces exigences sont doubles. La première : c'est à celui qui affirme quelque chose de nouveau d'en apporter la preuve. Autrement dit, ce n'est pas aux critiques des pseudo-sciences psi de prouver que ces prétentions ne sont que du vent. C'est, à l'inverse, aux tenants du paranormal de prouver la véracité de ce qu'ils affirment. Nous montrerons, à cet égard, que les tentatives qui ont été faites dans ce sens ne sont pas concluantes. Soit parce que les expériences ou les tests ne suivent pas un protocole rigoureux, soit parce que les résultats ne sont pas significatifs, soit, tout simplement, parce qu'il y a eu tricherie.

La seconde exigence est drastique, elle est connue depuis le Moyen Âge sous le nom de « rasoir d'Occam ». En un mot, Guillaume d'Occam, un franciscain professeur de logique à Oxford, a posé en principe qu'il ne fallait pas multiplier les entités existantes pour expliquer les phénomènes. En l'occurrence, point n'est besoin de supposer des forces surnaturelles quand les phénomènes revendiqués comme paranormaux s'expliquent parfaitement par des forces naturelles. Nous donnerons donc, chaque fois où il n'y aura pas eu de tricherie, l'explication naturelle du phénomène soi-disant surnaturel.

Dans *Devenez sorciers, devenez savants*, nous avons voulu, Georges Charpak et moi, montrer que les pseudo-sciences étaient des antisciences, susceptibles de compromettre notre avenir lorsqu'elles contribuaient à diffuser une peur irraisonnée du progrès scientifique et technique auquel nous devons notre relatif bien-être.

Je voudrais montrer maintenant dans ce livre comment le surnaturel ou le paranormal se réduisent tout simplement au naturel et au normal. Radiesthésie et sourcellerie, pouvoirs des moines shaolins et psychokinèse, mémoire de l'eau, astrologie ou miracle du sang de saint Janvier, saint suaire de Turin ou mystérieux mécanismes antiques, tables qui tournent ou énergie vitale : chaque fois nous verrons le miraculeux et le mystérieux se dissiper sous les lumières de la science.

On y perdrait l'enchantement de l'imaginaire ? Les délices de la poésie ? Je n'en crois rien pour cette simple raison qu'il faut beaucoup d'imagination dans la recherche scientifique et que celle-ci est souvent guidée par l'esthétique. Combien de savants ont dit et répété qu'ils avaient acquis la conviction d'une vérité, avant même le verdict de l'expérience, au fait que leur découverte était belle !

Si l'on n'y perd rien, si l'on oriente autrement son imagination et son sens esthétique, on gagne beaucoup à l'exercice de la raison scientifique : le développement de son esprit critique sans lequel il n'est pas de liberté.

Ah oui ! J'oubliais. Quelle est la bonne réponse à notre test enfantin[1] ?

« L'autobus se dirige vers la gauche. »

Qu'est-ce qui permet de le savoir ?

Chez nous, où l'on roule à droite, parce qu'on ne voit pas les portes de l'autobus.

Henri Poincaré écrivait : « Douter de tout ou tout croire, ce sont deux solutions également commodes qui l'une et l'autre nous dispensent de réfléchir. »

Réfléchissons ensemble.

---

1. Nous remercions notre collègue chimiste Jacques Greiner qui nous a fait découvrir ce petit test charmant.

Chapitre 1

DEVENEZ SOURCIER

Des baguettes qui bougent toutes seules

Un octogénaire souffrant de douleurs diverses et de fréquentes insomnies fit venir un « géobiologue » chez lui. Ce « spécialiste », muni de deux baguettes de Lecher, se déplaça dans la maison pour détecter des « ondes négatives ». Il s'arrêta soudain, en montrant à son hôte les baguettes qui se croisaient :

> *Pas étonnant que vous soyez malade ! Vous avez un cours d'eau qui passe à dix mètres de profondeur. Votre lit et votre bureau sont à l'aplomb de ce cours d'eau.*

Les « mauvaises ondes », les « mauvaises vibrations » sont la cause de bien de nos maux, n'est-ce pas ? Heureusement que de bonnes âmes se dévouent pour nous les indiquer.

Le radiesthésiste serait doué de capacités « spéciales », de « magnétisme », de « bioénergie », par exemple, lui permettant de capter des « ondes » au moyen d'un petit pendule ou d'une baguette, à moins que ce ne soit d'« antennes ». Le pendule est censé détecter des métaux, localiser sur site des nappes pétrolifères ou sur plan un trésor ou une personne disparue, établir des diagnostics médicaux directement sur la personne ou sur des cheveux, de l'urine, du sang, des ongles lui appartenant, découvrir des grottes, des gisements d'uranium ou des cadavres cachés, retrouver un trousseau de clefs égaré ou trouver le remède adapté à une maladie spécifique. Et, bien sûr, également, détecter de l'eau.

Le sourcier est un radiesthésiste moins polyvalent, son domaine est restreint à la détection de l'eau, pour laquelle il utilise habituellement une baguette ou « furcelle », mais beaucoup d'entre eux travaillent également avec un pendule.

Le magnétiseur a des compétences plus vagues, c'est une personne que son « magnétisme » doterait du pouvoir de guérir essentiellement par apposition des mains. Un magnétiseur utilisera également un pendule pour détecter, avant le « traitement », les zones corporelles du malade qui seraient en « déficit énergétique », en « souffrance », etc. C'est ce qui l'amène dans le giron des radiesthésistes. Ancêtre de l'hypnotiseur, le magnétiseur se prétend aussi capable de plonger un individu dans un état de sommeil somnambulique.

Le géobiologue s'intéresse aux influences alléguées de certains « courants telluriques » sur notre qualité de vie. Tantôt à l'aide d'impressionnants appareils électroniques aux belles aiguilles qui se déplacent vivement, tantôt simplement avec un pendule, une baguette ou une « antenne de Lecher » – deux morceaux d'un vulgaire fil métallique coudés à angle droit –, ou tout autre objet de son choix, pourquoi pas deux choux-fleurs tenus à bout de bras, il vient déterminer ce qui ne va pas chez vous pour vous aider à éliminer ces effets néfastes d'ondes négatives provenant de champs magnétiques nocifs, de courants d'eau souterrains, de cavités, de failles, de réseaux électriques... En quelque sorte, le géobiologue[1] est un radiesthésiste qui remet votre logement en ordre positif.

Voici comment vous improviser géobiologue à votre tour. Sur une baguette coudée à angle droit, le petit segment qui sert à tenir la baguette est souvent recouvert d'un mince tube de plastique de sorte que le fil métallique puisse tourner librement même lorsque vous serrez fortement.

S'il arrive que ces baguettes se meuvent et se croisent ou se décroisent systématiquement au même endroit sur le terrain, « c'est donc bien qu'il y a quelque chose », nous dit-on. Mais quoi ? Un courant souterrain évidemment, une source inconnue, un « nœud tellurique », à moins que ce ne soit une caverne mystérieuse et le trésor d'Ali Baba.

En y regardant de plus près, on remarquera que si le terrain n'est pas parfaitement plat – mais quel terrain est parfaitement plat comme un sol carrelé et tout à fait horizontal ? –, s'il y a une petite bosse ou bien un creux, alors, quel que soit celui qui tient les baguettes coudées – magnétiseur patenté, radiesthésiste chevronné ou simple profane comme vous ou moi malheureusement dépourvu de pouvoir psi ou occulte –, il y a de fortes chances qu'elles se croiseront ou se décroiseront au *même* endroit.

C'est fabuleux, non ?

1. Une confusion malencontreuse peut se créer avec un champ scientifique émergent fort sérieux mais à l'intitulé mal choisi : la *géobiologie* est en effet également l'étude des êtres vivants à l'échelle des temps géologiques. Pour éviter cette confusion, il vaut mieux parler de *paléobiologie*.

Baguettes coudées.

Non, c'est normal.

Faites l'expérience pour vous en convaincre.

N'oubliez pas que la vision, donc la connaissance, de l'endroit où les baguettes se sont mises à bouger pour la première fois entre les mains du radiesthésiste – ou de son fait – est essentielle. Si vous vous mettez un bandeau opaque sur les yeux et si quelqu'un vous fait tourner sur vous-même avant de commencer l'expérience, vous n'aurez vraisemblablement pas tout à fait les mêmes résultats.

Vous avez toujours été intrigué par la capacité de détecter les sources ? Vous avez toujours voulu percer ce mystère ? Et pourtant le mystère sourcier en particulier, la radiesthésie en général ont été démystifiés depuis des lustres, des ouvrages sont disponibles en librairie ou en bibliothèque

Baguettes coudées : en pleine action, elles se croisent...

à ce sujet. Mais voilà, il n'est pas si facile de séparer le bon grain de l'ivraie et de trouver les renseignements démystificateurs dans une masse de documents mystificateurs.

Des ondes lumineuses

Lorsqu'on mène des expériences avec des sujets psi – médium, voyant, sourcier, radiesthésiste... –, il serait difficile d'obtenir des résultats positifs car les pouvoirs paranormaux se perdraient « dans ces conditions non naturelles ».

C'est pourquoi, dans toutes les expériences que nous avons tentées, nous nous sommes toujours assurés, avant de commencer, que le sujet était dans de bonnes dispositions, que tout fonctionnait bien, que rien ne le gênait et qu'il était en possession de tout le pouvoir qu'il revendiquait.

C'est ainsi qu'un sourcier que nous avons testé à la faculté des sciences de Nice avait vérifié *avant* le début de l'expérience qu'il n'y avait aucune « source parasite » susceptible de le gêner et il avait *lui-même* défini la zone où il allait détecter le tuyau, parmi dix, dans lequel l'eau était en train de s'écouler.

Or, dans la phase préparatoire, lorsqu'il savait si l'eau circulait ou non, notre sourcier détectait *très bien* l'eau qui passait dans ce *même endroit* du campus à la *même distance* dans les *mêmes tuyaux* et avec le *même débit*, bref dans les mêmes conditions que lors de l'expérience quelques instants plus tard. Sa baguette, la *même* qu'il utiliserait ensuite dans l'expérience, piquait fort bien vers le sol et le tuyau précis où l'eau circulait *au vu et au su* de tout le monde et restait immobile au-dessus du tuyau vide.

Toutes les conditions de réussite étaient donc réunies.

Ces conditions étaient les mêmes pour l'expérience faite quelques instants après ces essais, strictement les mêmes, à la seule différence près que ni le sourcier ni personne dans l'assistance ne savaient ni ne voyaient dans quel tuyau l'eau était en train de circuler, contrairement à ce qui se passait lors de l'essai.

Résultat ? Le don de détection de l'eau que l'on venait d'applaudir ne s'est plus jamais manifesté.

Un parapsychologue pourrait légitimement expliquer cet échec en avançant l'hypothèse que « l'obturation de la vision inhibe la propagation des ondes émises par l'eau ».

Une médium russe prétendait lire avec l'extrémité de ses doigts. C'est ce qu'on appelle la « perception dermooptique » ou la « vision paroptique », une prétendue faculté de voir avec le bout des doigts, par exemple détecter les couleurs ou lire, mise à l'honneur en 1920 par Jules Romains dans son traité sur *La Vision extra-rétinienne et le sens paroptique*.

Notre médium russe passait les tests de lecture de *La Pravda* sans problème « même avec un bandeau sur les yeux ». Diable ! Jusqu'à ce que quelqu'un suggère de placer simplement un bout de carton sous son menton.

Et que croyez-vous qu'il advint ?

Vous l'aurez deviné. Le carton constituant une circonstance qui « change les règles naturelles » et le fluide psi étant certainement allergique au principe même ou à la matière dudit carton, les pouvoirs psychiques immatériels disparurent.

Un autre exemple, bien de chez nous celui-là, date du XIXe siècle, c'est « l'affaire Pigeaire ». Une jeune fille était censée posséder le don de voir les yeux recouverts d'un bandeau spécifique, pour autant « que les côtés de la face restent libres ». À la fin des années 1830, le docteur Pigeaire magnétisait sa fille Léonide à Montpellier et cette dernière, ainsi plongée dans un « état somnambulique », était supposée pouvoir lire des textes bien que sa vue fût occultée par un bandeau opaque. Le docteur et sa fille sont venus à Paris donner une dizaine de séances de démonstration de son don ; ce devaient être les séances préparatoires à un examen, par une commission de l'Académie de médecine, des faits relevant du « magnétisme » et, le cas échéant, à un contrôle des pouvoirs revendiqués. Un membre de cette commission avait offert un prix à toute personne qui serait capable de lire sans utiliser la vision. La commission estimait nécessaire une occultation totale de la vision avec une cagoule ; le père de la médium le refusa catégoriquement et exigea que le bandeau habituel fût utilisé. Aucun accord n'ayant été trouvé, le docteur Pigeaire décida de retourner à Montpellier avec sa fille et l'examen n'a donc jamais eu lieu.

Les positions des deux camps, celui des « pro-mademoiselle Léonide Pigeaire » et celui des anti, se sont curieusement figées autour de ce bandeau. Certains proposaient une cagoule de soie mais Léonide Pigeaire ne supportait que le velours, et ne pouvait pas lire « si le bas de son visage était obturé, car elle était alors atteinte de convulsions ».

Et pourtant, afin de lui éviter ces terribles convulsions et lui épargner tout risque d'allergie au contact d'un tissu qui ne conviendrait point à son épiderme sensible, un test aurait pu se faire *sans* bandeau et *sans* que quoi que ce fût ne la touche. Ce test élémentaire aurait consisté à placer une simple feuille de carton sous son menton. Et cela, avec ou sans bandeau, au *choix* de la médium pourvu qu'elle acceptât cette simple feuille qui ne l'aurait même pas touchée.

Une expérience à trois francs six sous qui n'aurait pas pris une heure. Malheureusement, elle n'a pas été faite. On ne peut que le regretter. À moins que, là encore, on n'ait supposé que ces circonstances eussent « changé les règles naturelles ».

Il faut garder à l'esprit que les « règles naturelles » doivent bien être changées si l'on veut faire un travail sérieux. Par exemple, un protocole de test doit permettre qu'en lieu et place d'un médecin-magnétiseur exhibant son sujet plongé dans un sommeil somnambulique devant un aréopage ébahi, une personne *tirée au hasard* soit désignée pour poser des questions ; ou que les textes qui seront utilisés au cours du test soient tirés au hasard dans une liste décidée à l'avance mais à l'insu, évidemment, du médium et de son manager.

En effet, lorsque la personne qui communique avec un sujet psi est la personne habituelle, attitrée, on ne peut s'empêcher de soupçonner qu'il s'agit d'un comparse en pensant au cas des artistes de variétés Myr et Myroska qui communiquaient à distance sans jamais avoir été confondus. Ils pratiquaient dans les années 1950 la « transmission de pensée » : Myroska, sur scène, les yeux bandés, répondait aux questions de Myr sur l'objet qu'il tenait dans la main, ou le numéro d'un billet qu'un spectateur venait de lui donner, etc. Myr et Myroska ne manquaient pas de conclure leur présentation par cette déclaration : « Avouez que, s'il n'y a pas de truc, c'est extraordinaire, mais s'il y en a un, c'est encore plus extraordinaire ! » Ils avaient bien raison. Ils pratiquaient à la perfection la communication par phrases codées.

Des mouvements inconscients ?

Des expériences dites de « type Chevreul » ont cherché à vérifier si de faibles mouvements musculaires inconscients pouvaient être à l'origine des oscillations du pendule (ou d'un autre instrument) par amplification ; un des principes de base de ce type d'expérience consiste à faire varier le point d'appui du membre supérieur qui tient le pendule[2]. Toutefois, beaucoup de gens ne pensent manifestement pas qu'il puisse s'agir de petits mouvements musculaires inconscients, l'hypothèse d'un truqueur ou d'un tricheur qui donnerait consciemment une impulsion à son pendule étant d'emblée exclue. Pour eux, si l'on veut ne pas bouger, on y parvient parfaitement, même sans aucun appui.

2. *Cf.* la « Lettre à M. Ampère sur une classe particulière de mouvements musculaires » du chimiste Michel Eugène Chevreul *in Devenez sorciers, devenez savants, op. cit.*, p. 130 à 136.

Et pourtant, c'est loin d'être vrai. Même *avec* un appui !

Ce qui est surprenant pour ne pas dire extraordinaire, c'est que ces petits mouvements inconscients sont connus depuis fort longtemps ; à la fin du XIXe siècle, il y a plus de cent ans maintenant, on s'en amusait dans de petits jeux de salon pour expliquer de manière ludique quelques principes de physique aux enfants.

La plus belle citation que l'on puisse faire nous paraît être cet extrait du best-seller de cette fin de siècle, *La Science amusante* de Tom Tit, qui a connu en effet un succès retentissant et fut traduit en huit langues[3].

> *Choisissez parmi la société la personne la moins disposée à croire aux tables tournantes, aux esprits frappeurs, etc. ; priez cette personne d'appuyer solidement sa main sur la table, en tenant un couteau.*
>
> *Fendez une allumette à l'extrémité opposée au phosphore ; taillez une seconde allumette en biseau et emmanchez l'une dans l'autre les deux extrémités de façon à former un V à angle très aigu. Mettez ces deux allumettes à cheval sur la lame d'un couteau, en recommandant à l'amateur sceptique de maintenir la lame bien horizontale, et de régler la position de sa main de manière que les deux bouts phosphorés des allumettes touchent légèrement la table, et sans jamais la quitter.*
>
> *Au grand étonnement de l'assistance et de l'opérateur, on voit les allumettes se mettre en marche le long de la lame. Ceci est dû à des mouvements inconscients de la personne qui tient le couteau, mouvements invisibles pour elle et pour le public.*

---

3. T. Tit, *La Science amusante*, 1re édition, Larousse, 1890. Cette œuvre est composée de trois tomes, chacun représentant une série de 100 expériences, publiés entre 1890 et 1893 ; une réimpression en a été faite en 2003.

Pour rendre l'expérience plus attrayante, vous pouvez briser légèrement les deux allumettes en leur milieu : elles figureront les jambes d'un cavalier dont le buste, découpé dans une carte de visite, sera maintenu dans une fente pratiquée au sommet de l'angle des allumettes.

Vous avez bien lu ? Faites l'expérience maintenant. Prenez deux allumettes et un couteau.

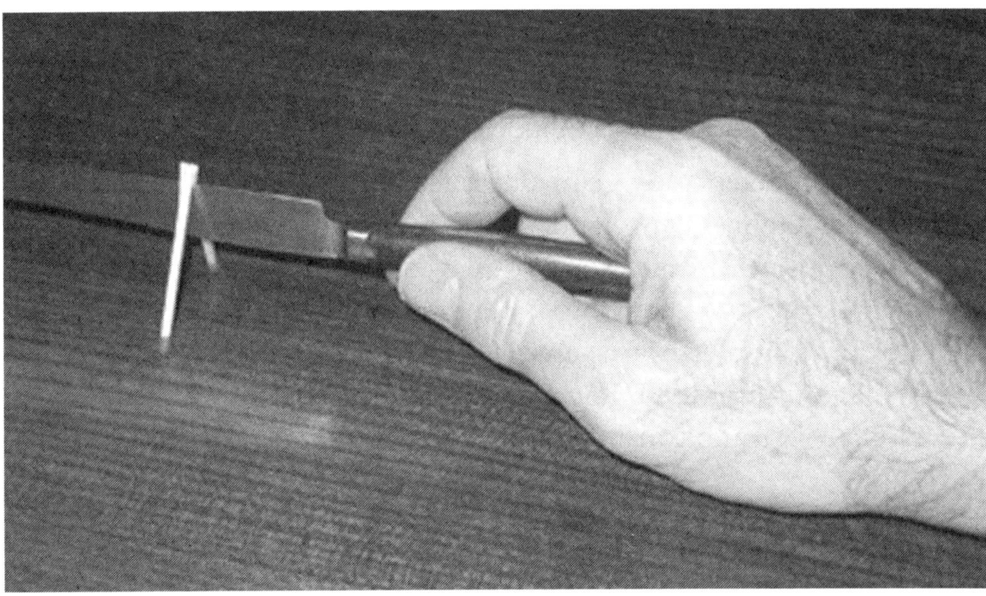

Concentrez-vous bien pour essayer de tenir votre main totalement immobile. Vous serez stupéfait de vous rendre compte que c'est quasiment impossible, même en prenant appui sur la table ! Et ce qui mettra clairement en évidence ces mouvements inconscients, ce sera le déplacement net et relativement rapide des allumettes.

De l'eau au moulin de la radiesthésie

Fondée ou non sur des mouvements musculaires inconscients, la sourcellerie, la détection d'eau, a fait couler beaucoup d'encre depuis des décennies. Mais, avant d'aborder les expériences du professeur Yves Rocard, voici quelques courts extraits du témoignage d'un véritable *spécialiste* du sujet qui, lui, n'a besoin d'aucun pendule ni d'aucune baguette. N'oublions jamais que l'origine de l'information est fondamentale ; la crédibilité d'une information dépend de la compétence de celui ou celle qui la transmet, mais de sa compétence dans le domaine précis dont relève cette information. Ainsi, lorsque vous avez besoin d'un renseignement précis sur les trous noirs, vous vous adressez à un astrophysicien et non à un astrologue ou un devin hindou. Voilà pourquoi le témoignage d'un puisatier – métier qui se raréfie – a toute son importance.

> *J'ai fait toute ma carrière professionnelle dans un métier peu commun, dont je suis assez fier. Puisatier. Pendant près d'un demi-siècle, j'ai exercé cette activité, non pas à titre individuel, mais au sein d'une des entreprises les plus importantes de cette spécialité [...].*
> *Tout d'abord, la plupart des gens pensent que l'eau souterraine forme un genre de lac dans lequel on puise comme dans un réservoir. Ce n'est pratiquement jamais le cas.*
> *Il s'agit toujours d'une accumulation d'eau dans un terrain perméable au contact d'une couche imperméable qui la retient.*
> *Les fameux « courants » détectés par les radiesthésistes ne m'ont* jamais *été révélés, et je n'ai* jamais *vu l'eau circuler au fond d'un puits au repos* (c'est moi qui souligne).

Concernant les sourciers, ce puisatier nous narre deux « cas exemplaires de l'absurdité de leurs prétentions » et conclut son témoignage ainsi :

> *Parmi les sourciers réputés que j'ai pu rencontrer, je peux citer l'abbé Gabriel qui opérait généralement en Normandie où ses réussites avoisinaient aussi les 100 %. Mais je suis persuadé que, dans cette région, jetant ma casquette au hasard, j'aurais les mêmes chances de réussite.*

Ayant pris sa retraite en 1983, il consacre utilement son énergie au problème de l'ensablement des puits au Sahel africain.

Certains prétendent que les « travaux scientifiques » qui apporteraient la preuve du bien-fondé de la sourcellerie et de la radiesthésie sont tout simplement ignorés. Cet argument se rencontrant souvent et l'exemple cité à l'appui étant les expériences du professeur Rocard qui seraient méconnues de la « science officielle », nous avons pensé qu'il serait intéressant de rapporter ici quelques faits comme de rappeler quelques données d'expériences[4].

Tout d'abord rappelons en quelques lignes la théorie du professeur Rocard.

Dans un premier temps, ce physicien soutenait que de l'eau circulant sous terre créait par filtration à travers les roches une faible variation du champ magnétique terrestre local, variation qui était détectée par des centres spéciaux contenant des cristaux de magnétite que l'homme posséderait symétriquement dans diverses parties de son corps.

---

4. Pour plus de détails, *cf.* l'article consacré à ce thème dans la base *Documentation* du site Internet du laboratoire de zététique : www.unice.fr/zetetique.

Cette sensibilité aux faibles gradients de champ magnétique créés par le passage de l'eau provoquerait des variations du tonus musculaire et donc des tremblements, d'où les mouvements observés de la baguette ou du pendule. L'homme subissant une variation du champ magnétique ambiant entre deux de ses capteurs symétriques, ce serait une « variation latérale de la stimulation (magnétique) sur le sujet qui donne lieu à détection ».

Par la suite, le professeur Rocard abandonna sa théorie d'un effet de la variation de champ magnétique due à l'électrofiltration de l'eau pour ne conserver que la thèse de la sensibilité humaine aux variations de champ magnétique : « Ainsi nous nous débarrassons de l'épineuse question du magnétisme de l'eau. » Le sourcier ne serait pas sensible à la présence de l'eau mais simplement aux variations du champ magnétique qui ne dépendent nullement de la présence ou non de l'eau. Le professeur Rocard explique que ces deux phénomènes peuvent toutefois être liés car « l'eau aime se trouver aussi là où de tels effets magnétiques se produisent ». Autrement dit, de faibles modifications du champ magnétique local seraient provoquées par des inhomogénéités du sous-sol telles que des failles dans lesquelles l'eau pourrait s'accumuler.

Yves Rocard a donné une large assise à sa théorie du « signal du sourcier » en déclarant : « Des confirmations sont survenues depuis [depuis 1962, date de publication de son livre *Le Signal du sourcier*], venant des États-Unis puis de l'Union soviétique, et personne n'oserait plus maintenant mettre en doute le fait que c'est un petit gradient du champ magnétique terrestre qui déclenche le signal de la baguette du sourcier[5]. »

5. Y. Rocard, « Le réflexe sourcier, son intérêt médical », *Agressologie*, t. 22, n° A, 1981, p. 1-15. Merci à Laurent Puech pour l'envoi du numéro de cette revue.

Bigre ! Plus personne ne mettrait en doute l'origine du signal de la baguette du sourcier !

Et c'est ainsi que certains, ayant lu ici ou là quelques textes d'Yves Rocard, voire son fameux *Signal du sourcier*, pensent avoir toute l'information sur le sujet et, sans même s'enquérir de savoir si ces expériences ont été validées ou non, en font état comme de diamants purs.

Ce manque de curiosité, que l'on peut comprendre de la part de profanes, est par contre inadmissible de la part de quelqu'un dont le métier est l'information scientifique.

En effet, le conseiller scientifique d'un grand organisme scientifique français nous a adressé en novembre 2003 un courrier électronique dans lequel on pouvait lire : « Constatant ainsi la réalité physique du phénomène, il (le professeur Rocard) a alors avancé l'hypothèse selon laquelle certains individus pouvaient avoir conservé une certaine sensibilité au champ magnétique terrestre, sensibilité que manifestent encore nombre d'animaux. »

Nous lui avons envoyé quelques informations sur les expériences d'Yves Rocard montrant qu'elles avaient été contredites depuis longtemps et n'avaient pas de réelle valeur scientifique. Des étudiants – conduisant leurs expériences sur le signal du sourcier en double aveugle, ce qui n'était pas le cas du professeur Rocard – avaient même refait des dizaines et des dizaines de fois (donc beaucoup plus que les quelques unités du professeur Rocard) l'expérimentation centrale du signal du sourcier, celle dite de la « semelle magnétique » (dont nous allons parler), et les résultats étaient on ne peut plus clairs : le « réflexe sourcier » ne s'est *jamais* manifesté !

Ce qui n'a pas empêché ce conseiller scientifique de nous écrire quelques jours plus tard : « [...] des phénomènes physiques bien réels, aux manifestations subtiles. Tel pourrait être le cas du réflexe “sourcier”. [...] Intéressant, le sujet justifierait une expérience, menée sur le terrain, avec de véritables sourciers ou prétendus tels, adossée à des mesures magnétiques et électriques sophistiquées. On peut imaginer un protocole, en pratique difficile à appliquer. »

Ces lignes nous semblant traduire un manque d'information difficilement compatible avec la fonction officielle du correspondant, nous lui avons expliqué, aussi clairement que possible, que le « réflexe sourcier » (malgré son nom) n'avait *rien à voir avec l'eau* selon le professeur Rocard lui-même, mais avec une éventuelle sensibilité de l'homme à de faibles gradients de champ magnétique. D'où son expérience dite de la « semelle magnétique » qui met en œuvre une pile électrique, un petit solénoïde, une résistance, du fil électrique et un être humain tenant un pendule. Des dizaines d'expériences sur cette semelle magnétique, menées avec rigueur, n'ont jamais manifesté le moindre « réflexe sourcier ».

Le conditionnel utilisé dans la phrase sur l'expérience « à faire » n'est donc pas de mise. En effet, l'expérience a été faite plusieurs fois, en particulier début 1993 par cinq élèves de l'École nationale supérieure d'hydraulique et de mécanique de Grenoble sous la direction d'un enseignant de cette école, avec plusieurs membres de l'Association de radiesthésie de l'Isère sur un terrain du Laboratoire du magnétisme du navire pour qu'il y ait le moins de perturbations magnétiques possible !

Les résultats furent tous *négatifs* pour le « réflexe sourcier ».

Plutôt que chercher « un protocole en pratique difficile à appliquer », alors qu'il ne l'est pas tellement, pourquoi ne pas suivre tout simplement les conseils du spécialiste de la question, à savoir le professeur Yves Rocard lui-même :

[...] Un pendule tenu à la main avec une ficelle se met à tourner si on approche avec l'autre main un clou de sa tempe. L'expérience réussit sur la moitié de la population française et je connais des journalistes scientifiques qui l'ont faite[6].

Un protocole on ne peut plus facile à mettre en œuvre, notamment par un conseiller scientifique.

Nous invitons les lecteurs à faire eux-mêmes cette expérience sur quelques personnes de leur entourage afin de voir si, comme l'affirme le professeur Rocard, la moitié de la population française possède, au niveau des tempes, un détecteur magnétique sensible à l'approche d'un clou métallique.

Faites *réellement* l'expérience. Et en cas de réponses positives, c'est-à-dire de pendules se mettant effectivement à tourner, faites une petite expérience de *contrôle* afin de vérifier que c'est bien le métal et les centres de détection magnétiques humains chers au professeur Rocard qui entrent en action. Pour notre part, dès la publication de cette hypothèse, nous avons refait l'expérience sur de nombreuses personnes et, incroyable mais vrai, quand elle fonctionne, elle fonctionne également avec un clou en *mie de pain* !

Pour éclairer les lignes précédentes, voici deux exemples, parmi d'autres, de résultats obtenus dans nos expériences sur la « semelle magnétique » d'Yves Rocard.

Le principe en est très simple[7]. Une personne sans chaussures ou avec des chaussures ne comportant pas de clou se place sur deux bouts de bois, deux « semelles » dont l'une est une « semelle magnétique ».

6. Lettre d'Yves Rocard à *La Recherche*, n° 156, juin 1984, p. 897.
7. Y. Rocard, *L'Homme et le Milligaus*, 1986, et *La Science et les Sourciers : baguettes, pendules, biomagnétisme*, Dunod, 1989.

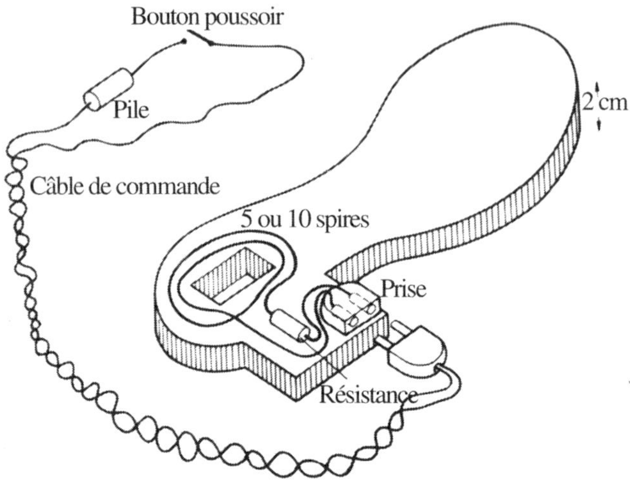

D'après *La Science et les Sourciers*, p. 134.

Le sujet tient à la main un pendule qu'on écarte de sa position d'équilibre de sorte qu'il oscille rectilignement. Sous l'action du champ magnétique créé par le courant électrique circulant dans les spires et qui modifie, selon Yves Rocard, le tonus musculaire par son effet sur nos capteurs magnétiques, en l'occurrence ceux du talon, le pendule est censé entrer en rotation.

Nous avons reproduit cette expérience dès la lecture en 1986 de la plaquette du professeur Rocard. Avec des résultats tout à fait différents.

Mais pourquoi se focaliser sur l'expérience de la semelle magnétique ? Les autres types d'expériences ont été également reproduits, avec des résultats tout aussi négatifs. Mais ils ne présentent qu'un intérêt secondaire puisque l'expérience de la semelle magnétique est *cruciale* selon le professeur Rocard. Il explique en effet que « c'est bien ce capteur-là (le capteur du talon) qui rend les sourciers efficaces sur le terrain[8] ».

8. Y. Rocard, *L'Homme et le Milligaus*, *op. cit.*

Une reproduction de l'expérience a été menée avec cinq étudiants en sciences biologiques. Voici une synthèse des résultats de vingt personnes testées sur dix essais chacune (un échantillon beaucoup plus large que celui du professeur Rocard) :

"Les Sourciers"
Rapport de zététique, université de Nice 1994-95

Reproduction de l'expérience de Yves Rocard
présentée in *"L'Homme et le Milligaus"*, 1986,
et *"La Science et les Sourciers"*, 1989

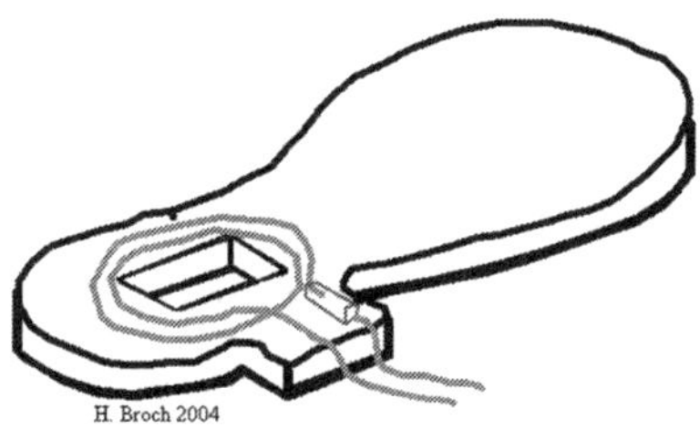

Courant o = oui ; n = non
Pendule + = réaction ; - = pas de réaction

Pierrette (65 ans)	o +	n +	n -	n -	o +	o -	n +	o -	o +	n -
Yves (42 ans)	o +	n -	n -	o -	n -	o -	n +	o +	n -	o +
Julie (20 ans)	n -	n -	n -	o -	o -	n -	o +	o -	n -	o -
Andréa (19 ans)	o +	o -	o -	n -	n +	n -	o +	n -	o -	n -
Christophe (23 ans)	n -	o +	n -	o -	n +	n +	o -	n -	o -	o -
Pierre (36 ans)	o -	n -	n -	o -	o +	n -	o -	n +	n -	o -
Catherine (42 ans)	o -	n -	o -	o -	n -	o -	n -	o -	n +	n +
Patrick (33 ans)	o +	o -	n -	n -	n +	o +	n -	o +	o -	n -
Bill (25 ans)	o -	n -	n -	o -	o -	n +	o -	o -	n -	n +
Aline (18 ans)	o -	n -	n +	o -	n -	o +	n +	n -	o -	o +
Patricia (17 ans)	o -	n -	o -	o -	n +	o -	n -	o +	n -	n -
Franco (46 ans)	o +	o -	o -	n +	o -	o +	n -	n -	n -	n +
Claudette (47 ans)	n +	n +	n -	o -	o -	o +	n -	o -	n +	o -
Céline (16 ans)	o -	o -	o +	n +	o -	n -	n -	n +	o +	n -
Stéphanie (19 ans)	n -	o -	n -	o -	n -	n -	o -	n +	o -	o -
Jean-Pierre (45 ans)	n -	o -	o +	o -	n -	n -	n +	o -	n -	o +
Francine (38 ans)	n +	o -	o -	n +	n -	o -	o -	o +	n -	n -
Laurent (19 ans)	o -	n -	o -	o -	n -	n -	n -	o -	n -	o -
Sébastien (18 ans)	o +	o -	n -	n -	o +	n -	n -	o -	o +	n -
Patricia (19 ans)	n -	n -	o -	o -	n +	n +	o -	o -	n -	o -

Les résultats, détaillés dans ce tableau pour chacune des personnes testées, sont on ne peut plus éloquents. Sachant que le courant est établi dans 50 % des essais, donc que le champ magnétique y est effectivement présent, il y a une chance sur deux pour que quelqu'un répondant au hasard tombe juste. Et avec cette probabilité de succès, sur l'effectif total de 200 essais, nous devrions obtenir, si le hasard seul intervenait, un nombre de succès avoisinant la centaine.

Les succès obtenus ont été au nombre de 100, pile !

Et la *distribution* des sujets testés en fonction de leurs succès est également tout à fait normale, passant de celui que d'aucuns auraient vite déclaré « sujet psi doué[9] » avec 8 succès sur 10 au pauvre « sujet psi missing » (qui échoue « plus souvent que la moyenne ») avec 3 petits succès sur 10.

On note également que, sur 100 fois où le champ magnétique était effectivement établi, il y eut tout de même 28 réactions *positives*. Est-ce à dire que nous avons enfin des résultats mettant en évidence le réflexe sourcier ? Certes inférieurs au pourcentage allégué par Yves Rocard, mais tout de même importants, sinon impressionnants ?

Hélas, trois fois hélas ! Les nombres, toujours aussi « rationnels et étriqués », nous font obligation de convenir que, lorsque le courant électrique n'est *pas* établi, autrement dit en l'absence totale de champ magnétique perturbateur, il y a également 28 % de réactions positives !

En d'autres termes, et pour souligner un point qui semble avoir été oublié, que le champ magnétique soit présent *ou non*, les gens réagissent.

Une autre reproduction des expériences du professeur Rocard a été faite par deux étudiants en maîtrise de physique qui avaient choisi comme thème de recherche le signal du sourcier.

Travaillant sur la « semelle magnétique », ils ont testé – en double aveugle[10], précaution méthodologique que le

---

9. La probabilité que, sur 10 tirages, ayant chacun 1 chance sur 2 de réussir, une personne obtienne 8 succès ou plus est d'environ 5,5 chances sur 100. Autrement dit, sur 20 personnes on pouvait légitimement s'attendre à en avoir $20 \times 5{,}5\ 10^{-2}$, c'est-à-dire *une* qui obtienne au moins 8 succès. C'est le cas ! Et le « magnétisme » de cette personne n'y est pour rien, une expérience de contrôle sur cette même personne le conclut bien vite.

10. Ce qui signifie que ni la personne testée (celle dont les pieds reposent respectivement sur une simple semelle de bois et une semelle de bois avec le bobinage électrique) qui tient le pendule ni l'expérimentateur qui note le résultat obtenu ne savent si le courant électrique (donc le champ magnétique) est effectivement présent ou non.

professeur Rocard ne s'était pas soucié de prendre – 33 personnes à raison de 6 essais par personne, soit un total de 198 essais. Ils ont pris en compte, outre la présence ou l'absence de champ magnétique, de nombreux paramètres comme :

- le sens du courant (donc la polarité du champ magnétique),
- le sexe de la personne testée,
- l'âge de cette personne,
- sa latéralisation (droitière ou gauchère),
- le type d'oscillations du pendule (oscillations « parallèles », c'est-à-dire gauche-droite, ou « transverses » c'est-à-dire avant-arrière),
- le nombre d'oscillations avant rotation,
- le sens de rotation éventuel.

Tout cela afin de déterminer, au cas où l'hypothèse d'Yves Rocard se confirmerait, si un type de population était plus doué qu'un autre ou si une caractéristique de l'oscillation était beaucoup plus pertinente que les autres. Voici les résultats qu'ils ont obtenus.

Lorsque le champ magnétique est présent, la moyenne sur l'ensemble des essais est d'environ 30 % de mise en rotation du pendule[11] et, toujours en moyenne, la rotation apparaît à la 11e oscillation. Et les résultats sont quasiment identiques lorsque le champ magnétique est *absent* : dans ce cas, la rotation apparaît également à la 11e oscillation en moyenne avec une mise en rotation dans 36 % des essais.

On peut en conclure que, contrairement à ce qu'affirmait le professeur Rocard, le champ magnétique ne favorise

11. Yves Rocard annonce sur ce type de test 80 % de réussite ; nous en parlerons plus loin.

en rien la rotation du pendule. On se trouve dans un jeu de pile ou face avec 50 % de cas favorables et autant de cas défavorables puisqu'au total on a eu 93 succès sur 198 essais ! Cet ensemble de résultats est donc négatif pour le fameux « signal du sourcier », à savoir la sensibilité de l'homme aux faibles gradients magnétiques.

Les expériences du professeur Yves Rocard, qui sont toujours largement citées comme « preuve scientifique » de la détection humaine des champs magnétiques et de la radiesthésie, ne reposent sur rien, toutes les reproductions qui en ont été faites sérieusement ont eu des résultats négatifs.

Afin d'être le plus clair possible et pour éviter tout malentendu, nous ferons remarquer que ces diverses expériences ont cherché simplement à vérifier si le *test* proposé par Yves Rocard permettait réellement de détecter des variations de champ magnétique du même ordre que celles qui étaient revendiquées. Sa théorie de la sensibilité de l'homme aux variations du champ magnétique terrestre n'avait rien d'absurde, elle était tout à fait raisonnable et pouvait même être une bonne idée. Nous ne prétendons absolument pas qu'un champ magnétique n'a pas d'action sur le corps humain. Au contraire même, nous faisons toujours remarquer que l'action d'un champ magnétique sur le corps humain, et sa détection éventuelle par un être humain, pourrait avoir lieu à travers les cristaux de magnétite qui se trouvent en nous, ainsi notre cerveau contient-il quelques nanogrammes de magnétite biominéralisée par gramme de tissu biologique. Mais entre dire « pourrait se faire à travers les cristaux » et dire « se fait à travers les cristaux », comme l'affirment certains, il y a un fossé qui ne peut être comblé que par une expérience concluante. Or ce n'est pas le cas pour le moment.

Force nous est alors de conclure qu'avant de se lancer dans une théorie explicative du « réflexe sourcier », il convient de vérifier d'abord que ce réflexe existe bien en menant des expériences sérieuses et méthodologiquement correctes. Ne mettons pas la charrue avant les bœufs[12].

On reproche quelquefois aux scientifiques de n'avoir eu affaire, lors de tests et d'expériences, qu'à de « mauvais sourciers ». « Vous n'avez pas travaillé avec de bons sourciers », « Ceux qui sont venus vous voir n'étaient pas les plus compétents », etc., entend-on dire ici ou là. Et, dans le même temps, on nous met sous le nez les fameuses preuves du « signal du sourcier » cher au professeur Rocard. Il y a là une incohérence patente.

Inutile en effet de chercher longtemps des sujets psi surdoués ou des sourciers chevronnés. Il suffit de tirer au hasard dans la population française pour avoir, selon Yves Rocard lui-même, nécessairement de bons sujets dans notre échantillon.

> *[...] J'ai notamment insisté sur le fait que dans l'ensemble de la population, on constate qu'au moins les 2/3 ou les 3/4 des sujets sont sensibles au signal. Sur 53 millions de Français, il y en a donc 30 à 40 millions qui réagissent et possèdent, en général sans s'en douter, ce sixième sens qui consiste à découvrir les zones sourcières, lesquelles sont finalement des zones où le champ magnétique présente une petite anomalie venant s'ajouter au champ terrestre*[13].

---

12. Ce qu'illustre également fort bien l'histoire de « La dent d'or » de Fontenelle dont nous donnerons un large extrait dans la partie sur les tables tournantes.
13. Y. Rocard, « Le réflexe sourcier, son intérêt médical », *op. cit.*, p. 1-15.

Ajoutons qu'il écrit également dans cet article que « 60 à 80 % des sujets se révèlent sensibles » ; il conservera cette valeur haute de 80 % par la suite.

Ayant bien cela à l'esprit, posons-nous donc cette simple question : quelle est la probabilité pour que, avec la proportion de sujets sensibles alléguée par Yves Rocard dans la population française, nous n'ayons eu, par le plus miraculeux des hasards, lors de toutes nos expériences que des sujets insensibles ?

Même en prenant la valeur la plus basse – les 2/3 soit 67 % – donnée par Yves Rocard pour la proportion de ceux que l'on peut appeler *magnétosensitifs*, un simple petit calcul statistique montre que l'on a infiniment plus de chances de gagner le gros lot du Loto en jouant une seule grille que, de se trouver dans ce cas de figure de sujets majoritairement insensibles !

La Science et les Sourciers est en quelque sorte le petit livre rouge de Mao des tenants de la sourcellerie et de la radiesthésie qui l'exhibent encore à l'heure actuelle.

Il semblerait que les précisions et les éclaircissements apportés il y a maintenant déjà pas mal d'années[14] sur la valeur des expériences invoquées n'aient pas été entendus et le mythe du « signal du sourcier » a continué...

Espérons que ces quelques lignes auront plus de succès.

14. Suite à la publication en 1962 du *Signal du sourcier*, le Comité belge pour l'investigation scientifique des phénomènes réputés paranormaux (comité PARA) avait répété les expériences du professeur Yves Rocard dès 1964 et 1966. Leurs résultats étaient négatifs (*cf.* H. Broch, *Au cœur de l'extra-ordinaire*, Book-e-book, 2005, p. 235-247).

Chapitre 2

SOYEZ EXTRALUCIDE

À plusieurs reprises au cours des siècles passés, des scientifiques professionnels ont consacré une part non négligeable de leur temps à mener des investigations et à élaborer des expériences sur les médiums et autres pouvoirs hors du commun.

Ainsi, à titre d'exemple, en France, l'Académie des sciences et la Société royale de médecine se sont penchées, vers la fin du XVIIIe siècle à la demande du gouvernement, sur le « magnétisme animal » supposé guérir de toutes les maladies dès lors qu'il pouvait circuler librement et ont conclu en 1784 qu'il n'y avait rien, hormis l'imagination, derrière ce phénomène : « L'imagination sans magnétisme produit des convulsions… Le magnétisme sans imagination ne produit rien. »

Près d'un siècle plus tard, en Russie, la Commission pour l'étude des phénomènes de médiums de la Société de physique de l'Université de Saint-Pétersbourg mena des recherches et, en 1876, en donna ce résultat : « Les phénomènes spirites ont pour origine des mouvements inconscients ou une supercherie consciente et la doctrine spirite est une superstition. »

Cela n'a pas empêché le président de la Society for Psychical Research de Londres de déclarer en 1882 à la première réunion de cette société :

> *Nous devons mettre les sceptiques dans la position où ils seront forcés soit d'admettre que ces phénomènes sont inexplicables, au moins pour eux, soit d'accuser ouvertement les chercheurs de mensonge ou de tricherie ou bien d'aveuglement ou de négligence incompatible avec toute condition intellectuelle exceptée la totale stupidité.*

Depuis, les scientifiques n'ont cessé d'offrir la possibilité à des médiums ou à des parapsychologues de faire la preuve de leurs pouvoirs ou de leurs affirmations en appliquant ce principe de base : « C'est à ceux qui prétendent avoir des pouvoirs ou qui allèguent que certains hommes possèdent de tels pouvoirs d'en faire la preuve. Pour notre part, de scientifiques, nous sommes toujours prêts à faire des expériences. »

C'est dans cette lignée que se situent les divers appels à preuves lancés au cours des décennies, quelquefois couronnés d'un prix afin d'en accroître l'attractivité auprès d'un maximum de personnes revendiquant des pouvoirs paranormaux ou de parapsychologues prétendant avoir montré que de tels pouvoirs existent.

C'est ainsi que l'appel que nous avions lancé en 1986 a été amplifié l'année suivante par un prix de notre collègue Jacques Theodor. Il offrait, sur ses revenus, la somme de 500 000 francs français, somme portée en 1992 à 1 000 000 francs pour la 100e candidature et qu'il décida d'arrondir, en 1999 à l'occasion de la 200e candidature et de la création de la monnaie européenne, à 200 000 euros.

Au total, il y eut un peu plus de 250 postulants[1]. Le plus remarquable dans l'ensemble des tests menés en accord complet avec les candidats – aucun test, en effet, n'était imposé –, c'est le fossé qui sépare les prétentions des candidats, de bonne foi, quant à leurs capacités et les résultats qu'ils obtiennent dans des tests réalisés dans une ambiance cordiale et selon un protocole très simple qu'ils ont eux-mêmes entièrement agréé. Pas même le début d'une petite preuve, malgré les quinze années pendant lesquelles l'épreuve a été ouverte.

Voyons donc quelques-unes de ces expériences.

Perception extrasensorielle

S. affirmait posséder un don de perception extrasensorielle lui permettant, par exemple, de voir le contenu d'enveloppes fermées ; elle voyait également les atomes de différentes matières et avait des prémonitions. Elle pratiquait la voyance depuis plus de dix ans. Le test sur la perception extrasensorielle a été réalisé dans notre laboratoire en mai 2001 avec des photos de paysages puis de personnages enfermées dans des enveloppes. L'opacité visuelle de ces enveloppes était assurée, comme l'avait demandé la voyante, par une simple feuille de papier Canson blanc. Une liste des réponses possibles, avec photocopie des photos, était fournie à la médium.

L'expérience était donc fort simple. Pourtant, la voyante n'a rien vu.

1. Une information complète est disponible sur le site www.unice.fr/zetetique/defi.html.

Psychokinèse

R. prétendait être doué de pouvoirs psychokinétiques lui permettant, par exemple, de détruire une voiture jusqu'à 4 000 km de distance ! Le test a été effectué en décembre 1991. Le médium, depuis sa ville de résidence, devait déplacer par psychokinèse un lingot d'or (autant ne pas le faire exploser, il pourra toujours servir) de 1 kg situé à Bruxelles.

Le lingot est resté désespérément sur place.

Le médium G. (à droite) lors de l'expérience de psychokinèse.

Photo : Laboratoire de zététique.

G. affirmait pouvoir modifier, par son action psychokinétique, la fréquence ou l'amplitude d'une voix ou d'un signal sonore lors de l'enregistrement sur un magnétophone ou sur tout autre support. Il fut testé en avril 2001 au laboratoire, libre de choisir dans une gamme de fréquences très large de 50 Hz à 12 000 Hz.

Résultat ? Aucune modification, ni de fréquence ni d'amplitude.

Perception à distance

E. affirmait « être capable, en méditation, de percevoir la maladie ou l'infirmité dont souffrirait un individu qui lui serait inconnu [...] que cette personne soit présente ou non, à partir du nom, du prénom, de l'âge, du sexe et du lieu de résidence ». Elle a ouvert temporairement, avec sa mère, un cabinet de voyance dans une ville française. Elle fut testée au laboratoire en mai 2001.

La voyante n'a rien perçu.

L. affirmait percevoir à distance, grâce à son pendule, les postures que pouvait prendre n'importe qui en disposant seulement de sa photo. Il fut testé en juin 2000 sur ce mode de communication avec des membres de sa propre famille, sa femme M. et son fils S. qui l'avaient accompagné.

Le pendule a oscillé et le sujet psi s'est trompé tout le temps.

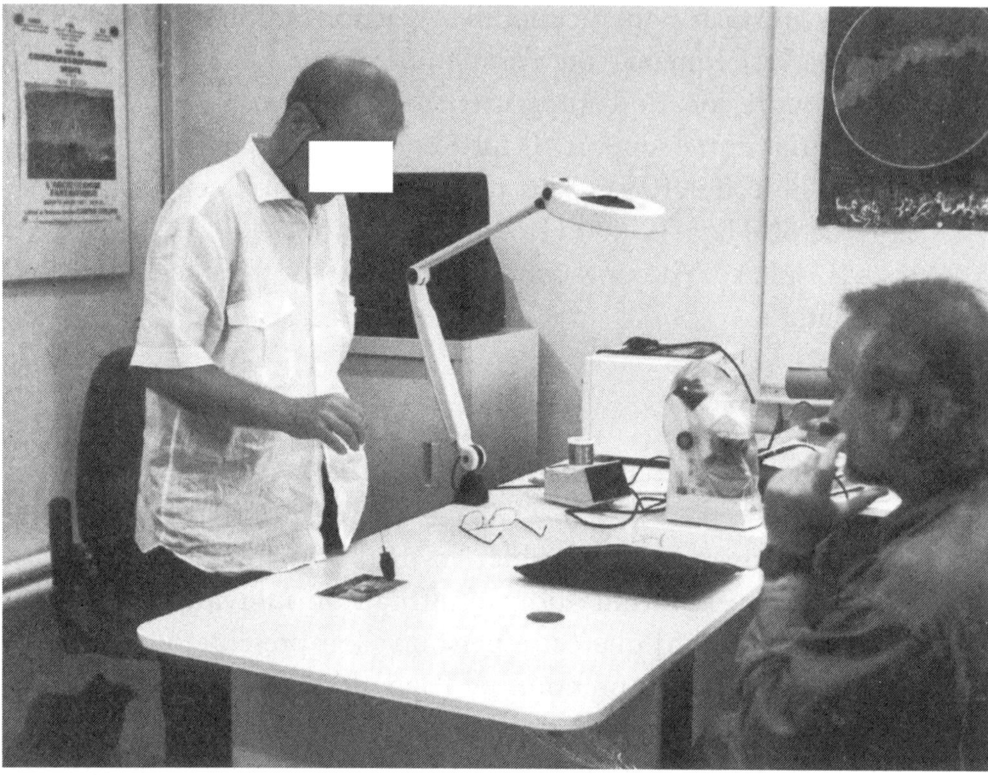

Le radiesthésiste italien L. (à gauche) testant une photo avec son pendule.

Photo : Laboratoire de zététique.

Hypnose et télépathie

C., grâce à son pouvoir d'hypnotiser, et R. affirmaient avoir des pouvoirs télépathiques et de clairvoyance. Un protocole a été mis au point et deux sortes de tests ont eu lieu en janvier 1990 à la faculté des sciences de Nice. Il s'agissait de :

Pour la télépathie, C. devait transmettre l'identité de cartes à sa « sensitive » R. préalablement hypnotisée par lui-même. Les deux médiums étaient placés dans deux bâtiments différents du campus après avoir été examinés entièrement par deux médecins pour vérifier qu'ils ne portaient pas d'appareil de communication. Vingt essais ont été réalisés.

« Fiasco complet[2] », a titré *L'Express*.

Pour la clairvoyance, la sensitive R., toujours hypnotisée par C., devait déterminer la valeur de cartes à jouer placées dans des enveloppes et mises à sa disposition. Dix essais ont été faits.

« C'est la faillite. Pis : la Berezina[3] » pour les médiums, titrait le même hebdomadaire.

Voyance

Il est inutile de disposer de nombreux appareils de contrôle et d'appareils sophistiqués lors d'une expérimentation si cette dernière n'est pas, sur le fond, méthodologiquement correcte. Autant faire, en accord avec les sujets psi, des expériences très simples mais qui permettront de constater ou non le fait *avant* de se lancer dans des hypothèses explicatives et d'autres expériences. C'est ce qui a toujours été fait pendant les quinze années où nous avons mené ces travaux.

Il serait fastidieux d'exposer en détail les protocoles d'expériences adoptés par les expérimentateurs dans chacun des cas.

---

2. F. Harrois-Monin, « Médium, es-tu là ? À l'université de Nice, des chercheurs ont décidé de défier à la loyale les adeptes du paranormal. Descartes peut dormir tranquille », *L'Express*, 9 février 1990, p. 84-85.
3. *L'Express*, id.

À titre d'exemple, voici celui concernant C., testée en 2001, qui affirmait pouvoir « par écriture automatique, dire le passé, le présent et l'avenir de quiconque face à elle ou sur photo à distance avec date de naissance ». Un protocole, fort simple, avait été élaboré en accord total avec la candidate.

Plusieurs dossiers ont été constitués, chacun sur une personne dont nous pouvions fournir, à la demande de la candidate, une grande photo et la date de naissance. Ces dossiers comprenaient de nombreuses données classées sur le passé et le présent de la personne qui avait accepté de participer à l'expérience.

La candidate pouvait décider, en toute liberté, à partir des photos et des dates de naissance sur combien de personnes et sur lesquelles elle désirait « travailler ».

Pour chaque individu qu'elle pouvait choisir *librement*, la sujet psi disposait, outre de la photographie et de la date de naissance, de vingt listes portant chacune sur un « paramètre » de cette personne : état civil, événements marquants, pathologie déclarée, phobies, etc.

Par exemple, pour le paramètre « état civil », la liste donnait ces possibilités : célibataire, marié, veuf, divorcé, sans enfant, un enfant, deux enfants…

Pour chacune de ces listes, quelle qu'en soit la longueur, une et une seule réponse correspondait au cas de la personne. Elle avait été évidemment déposée avant l'expérience et signée par la personne en question qui en attestait la validité.

La médium avait donc simplement à indiquer, par son « écriture automatique » ou tout autre moyen à sa convenance, à l'instant et à la cadence qu'elle déterminait elle-même, quelles étaient selon elle les réponses correctes sur

La médium se concentre sur la photo qui est sous sa main gauche.
Photo : Laboratoire de zététique.

ces divers paramètres définissant le passé et le présent de la personne dont elle avait la photo en main.

Les expérimentateurs avaient fait quelques calculs statistiques pour connaître le nombre nécessaire de réponses justes pour que le test soit jugé significatif et, en accord avec la sujet psi, avaient fixé le niveau permettant de conclure à un succès de sa part.

Par exemple, lors de l'expérience menée sur Charles, un score supérieur ou égal à 12 réponses justes sur les 20 questions aurait été considéré comme un succès. La voyante affirmait dans ces conditions pouvoir obtenir sans problème « beaucoup plus ».

Elle a obtenu... 3/20.

De nombreux tenants de la parapsychologie allèguent ou laissent sous-entendre, pour expliquer ces échecs, que les expériences menées par les scientifiques « ne sont pas faites dans de bonnes conditions » ou sont « imposées ». Et certains d'arguer que les « bons » sujets psi ne pouvant œuvrer dans des conditions imposées ou, sinon, comportant « trop d'ondes négatives émises par les scientifiques contrôlant l'expérience », se voient obligés de refuser de participer à ces expériences.

Pourtant les tests étaient choisis par les sujets psi eux-mêmes, aucun test n'était imposé. Tout se passait de concert avec eux, les expériences étaient conçues en fonction de leurs prétentions spécifiques, elles n'étaient jamais concoctées à l'avance.

D'ailleurs, nous n'avons jamais empêché un radiesthésiste de refuser une expérience en laboratoire et préférer faire la preuve de son don sur le terrain. Par exemple, en détectant quelques-unes des milliers de mines antipersonnel qui font de terribles ravages dans de nombreux pays de par le monde. Des enfants sautent sur ces mines, ils se font arracher les jambes. Pourquoi aucun radiesthésiste ne s'est-il proposé pour aller détecter ces objets de malheur et empêcher l'hécatombe ?

De même, un radiesthésiste n'est pas obligé de faire la preuve de son don sur le terrain dans des zones dont chacun sait qu'elles ont de bonnes chances de recouvrir de l'eau. Il peut aller faire ses preuves en détectant des sources ou des nappes d'eau souterraines dans des pays africains qui se désertifient. Un radiesthésiste doué pourrait ainsi offrir sans grande difficulté une source de vie aux populations qui en manquent cruellement. Comme le puisatier dont nous avons parlé précédemment.

Les expériences qui faisaient l'objet de ce concours n'excluaient pas du tout de telles démonstrations humanitaires et tellement utiles.

Un autre argument est que « les médiums qui viennent participer à ces expériences sont uniquement intéressés par l'argent alors que les vrais médiums, au contraire, sont totalement désintéressés et ne s'exhibent pas pour de l'argent ». Ou encore, qu'« un sage patenté, un véritable initié, un authentique gourou, etc., ne s'abaisserait pas à venir faire étalage de ses dons pour de l'argent. Il est bien au-dessus de tout cela ».

Mais le règlement de l'épreuve n'obligeait pas le médium réussissant à prouver ses allégations à encaisser lui-même la somme offerte. Il pouvait évidemment l'offrir à son tour à un laboratoire de parapsychologie[4] ou en faire cadeau à toute association caritative de son choix, à toute organisation humanitaire, à tout laboratoire travaillant sur des remèdes contre le sida ou le cancer, aux Restos du Cœur... Que penser de médiums qui affirment « posséder réellement » des pouvoirs psychiques extraordinaires et qui refusent de parti-

4. « Laboratoire », « institut », « groupe d'étude », « centre de recherche », etc., sous ces intitulés n'existent que des associations loi 1901 ou même des associations de fait, c'est-à-dire non déclarées.

ciper à des expériences qui pourraient attester de leurs prouesses de cœur ?

Myokinèse...

L'un des outils les plus puissants dont nous disposons pour nous y retrouver dans le domaine de l'extra-ordinaire consiste à nous poser cette simple question : « Existe-t-il une autre explication qui donnerait un résultat identique, dans les mêmes conditions et avec les mêmes caractéristiques ? »

Par exemple, devant un phénomène prétendument paranormal, se poser la question précédente peut permettre de découvrir qu'on obtient le *même* résultat par des moyens on ne peut plus normaux. Il suffira de rappeler, comme nous le ferons dans un prochain chapitre, la simplicité de la recette permettant de reproduire le miracle de la liquéfaction du sang de saint Janvier ou encore la simplicité de la technique permettant de faire un saint suaire de Turin parfaitement présentable, pour avoir une idée de la puissance et de la portée de cet outil.

La méthode naturelle est alors étayée et, principe de parcimonie des hypothèses oblige, l'hypothèse surnaturelle devient superflue. Ce qui, évidemment, ne signifie pas nécessairement qu'elle soit fausse !

Examinons le domaine de la psychokinèse.

C. affirmait posséder un pouvoir de « télékinèse sur des objets de large surface et si possible épais, tels des portes, voire des fenêtres ». Il pouvait donc, dans une « petite pièce », déplacer légèrement la porte et la faire claquer dans l'encoignure.

Un prétest fut entrepris avec lui en mars 2001 dans notre laboratoire de la faculté des sciences de Nice.

Ce fut un échec, en tout cas concernant la télékinèse. Car l'effet présenté existe bel et bien. Monsieur C., placé dans une toute petite pièce dont la porte était poussée, presque fermée sans être bloquée, se concentra et fit effectivement claquer la porte dans l'encoignure.

L'effet fut donc attesté, mais il n'avait rien de psychokinétique car C. n'avait pas précisé que, lorsqu'il se concentrait, il contractait et décontractait rapidement ses muscles pectoraux et abdominaux.

Le mouvement de la porte s'explique par un effet que l'on pourrait appeler « myokinétique » (« myo-télé-kinétique » si l'on désire être plus précis), dû à la formation d'une onde acoustique infrasonore par la compression-décompression du thorax ou de l'abdomen provoquée par des mouvements musculaires brusques, dont l'action est optimisée par l'exiguïté de la pièce.

Pour expliquer cet effet, il faut schématiser la situation : il suffit en effet de savoir que, pour l'air, le *produit PV*, Pression que multiplie Volume, *est constant.*

En assimilant l'air à un gaz parfait, nous avons une équation qui rend compte des variations qui nous intéressent. C'est la loi des gaz parfaits PV = nRT, où n est le nombre de moles présentes, R la constante des gaz parfaits[5] et T la température. Si la température de l'air dans la pièce reste constante, le nombre de molécules – donc de moles – étant constant dans une pièce fermée, nous avons alors effectivement simplement le produit PV = Cte.

D'où, si l'on augmente le volume V accessible à l'air, on obtient nécessairement une diminution de la pression P et, inversement, si l'on diminue V, on augmente P.

5. Valant 8,314.

Vu les faibles dimensions de la pièce où l'expérience se déroulait, la variation même très petite du volume corporel du sujet – sans inspiration ni expiration – impliquait une variation du volume accessible à l'air, donc une variation de pression de cet air, et cette variation de pression s'avérait largement suffisante pour exercer une force non négligeable sur la porte étant donné sa grande surface.

Quelques chiffres donneront une idée plus précise du phénomène.

Si la pièce est très petite (« 3 m^2 maximum », comme le demandait le candidat), son volume, en prenant une hauteur normale de 2,5 m, vaut 7,5 m^3, soit 7 500 litres.

Que le sujet psi provoque une augmentation de son volume thoracique ou abdominal d'environ 0,25 litre ou un quart de litre – une hypothèse *minimale* qui s'obtient facilement, vous pouvez faire l'expérience et le constater par vous-même –, cela signifie que le volume accessible à l'air de la pièce a diminué de 0,25 litre, il est maintenant de 7 499,75 litres, soit une diminution relative d'environ 0,003 %.

C'est très, très, très faible. Mais est-ce pour autant négligeable ?

Pas vraiment, car cette diminution du volume V implique une augmentation de la pression P de l'air dans la pièce puisque le produit PV reste constant. La pression va donc passer à 1,00003 fois sa valeur initiale.

En termes classiques de pression, la pression de l'air était au départ des deux côtés de la porte la pression normale de $1{,}013.10^5$ pascals[6]. Cela correspond à environ 1 kilogramme-

6. Le pascal (Pa) correspond à l'unité SI (Système international) de pression et vaut 1 newton par mètre carré. Le newton (N) est l'unité SI de force et doit être utilisé ;

force (kgf) par cm^2, c'est-à-dire que tous les cm^2 s'exerce une force identique en valeur au poids d'une masse de 1 kg. On commence peut-être à mieux comprendre.

Une variation de pression de 300 millièmes d'un côté de la porte correspond donc à une valeur de 0,00003 kgf par cm^2 et, comme une porte classique de 80 cm sur 210 cm représente une surface d'environ 16 800 cm^2, cette variation de pression constitue une force totale de 0,504 kgf c'est-à-dire plus de 500 gf (grammes-force) supplémentaires s'exerçant sur ce côté de la porte.

Or un petit test avec un dynamomètre (tout simplement un ressort étalonné) centré sur la porte montre qu'une force beaucoup plus faible, d'à peine 70 gf, suffit à la faire bouger.

Par conséquent, la petite variation du volume abdominal ou thoracique du sujet psi, pourtant très faible, que nous avons prise comme exemple chiffré, suffit largement à faire claquer la porte dans l'encoignure par augmentation de la pression de l'air exercée sur elle.

C'est ce que nous avons expliqué au candidat, dont la taille de 1,97 m donne une idée de la large variation de son volume thoracique et abdominal lorsqu'il contracte ses muscles, après sa prestation. Cet effet pseudo-psychokinèse a d'ailleurs été reproduit immédiatement par un collaborateur du laboratoire.

---

mais, concrètement, cette unité demeure une unité un peu « abstraite » pour beaucoup de personnes et l'expérience montre qu'une bien meilleure *mémorisation* des valeurs (ce qui ne signifie pas nécessairement *compréhension* pour un phénomène étudié) est faite si l'on parle en « kilogrammes-force », unité certes *prohibée* (que certains dénoncent comme « unité antique », alors que c'est simplement le poids à Paris du « kilogramme international ») mais unité auxiliaire beaucoup plus « parlante » au point de vue intensité. En tout cas, à notre avis, beaucoup plus que quelque chose comme… 9,80665 newtons.

À titre de confirmation, si nécessaire, de l'origine de l'effet, lorsque le candidat était placé à la même distance de la porte mais que celle-ci, au lieu d'être quasiment fermée, poussée dans l'encoignure, était ouverte à 90°, et donc que le volume accessible était beaucoup plus grand, aucun mouvement ne se produisait ; le film vidéo de l'expérience en témoigne clairement.

À la demande du candidat que la pièce soit très petite, d'une surface de « 1 à 3 m^2 maximum », nous avions d'ailleurs répondu, bien avant le début de l'expérience, que, dans ce cas, « les variations de pression sont évidemment quasi automatiques et le phénomène revendiqué perd alors tout son intérêt et ne présente plus rien de paranormal ». Un don de prémonition sans doute !

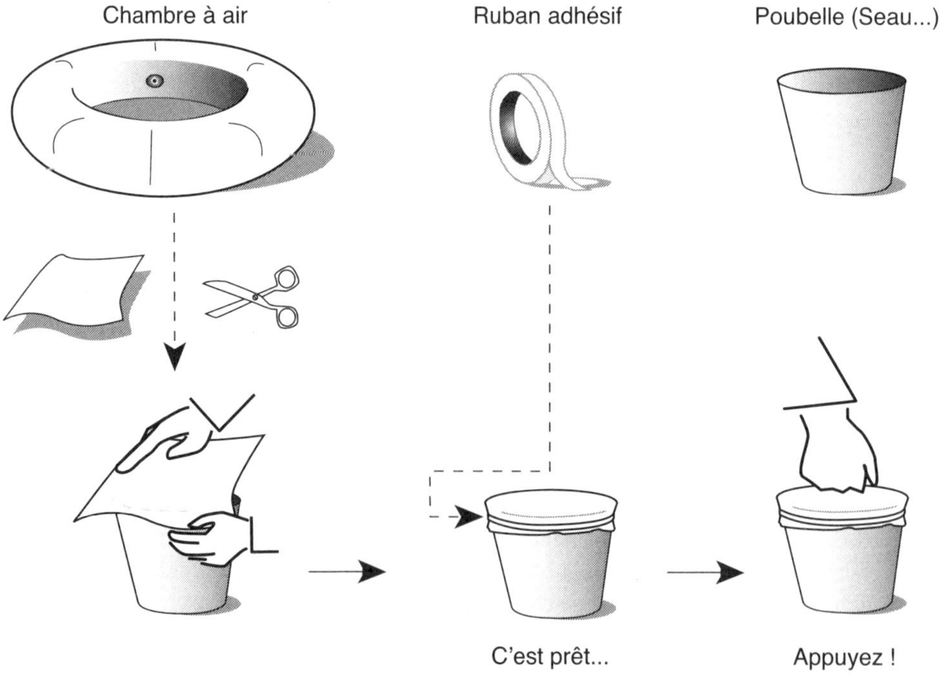

La fabrication au Laboratoire de zététique de la... « poubelle psychokinétique ».

Lors d'une reproduction de ce test deux ans plus tard, afin de convaincre de la validité de l'explication physique donnée, nous avons improvisé une expérience toute simple : une petite poubelle cylindrique en plastique fermée par un bout de chambre à air, lui-même maintenu par plusieurs tours de ruban adhésif d'emballage.

Avec notre poing fermé, en appuyant et relâchant la membrane en caoutchouc, nous fîmes varier le volume accessible à l'air de la pièce, la même petite pièce que celle où avait été fait le test, et donc la pression. Cette variation de pression se traduisit clairement par un mouvement de la porte suivant exactement les mouvements du poing sur la membrane. Le phénomène s'avéra renouvelable à volonté.

Le sujet psi fut ainsi totalement convaincu de l'origine physique et non psychique, voire éthérique des mouvements de la porte et le reconnut franchement.

Cela ne prouve pas, bien sûr, qu'il n'avait strictement aucun pouvoir de psychokinèse ; mais cela prouve qu'il n'est nul besoin de faire appel à la psychokinèse pour expliquer le phénomène en question. Par conséquent, selon le principe formulé plus haut, l'hypothèse psychokinétique devient superflue.

Certains parapsychologues pourraient s'indigner et clamer qu'une poubelle n'est pas un appareillage scientifique. L'ignorance des bases de la méthodologie scientifique et du simple fait que la charge de la preuve appartient à celui qui affirme quelque chose sortant de l'ordinaire[7] ne laisse pas d'étonner.

---

7. Par exemple, c'est à celui qui affirme que les fantômes existent de démontrer leur existence et non à la science de tenter de prouver – ce serait absurde – leur inexistence.

Ce que beaucoup de parapsychologues et autres métapsychistes semblent ignorer, c'est que l'on peut, avec du ruban adhésif et des bouts de ficelle, faire des expériences qui, dans une première approche, donnent des résultats tout à fait pertinents pour comprendre un phénomène.

Ce qui compte réellement, c'est la méthode utilisée, non la sophistication de l'appareillage.

Chapitre 3

DES EFFETS À DÉTECTER

Voyons d'abord quelques règles à connaître, en l'occurrence quelques effets à savoir détecter dans le discours des tenants des pseudo-sciences ; nous donnerons ensuite des exemples sur la manière de juger assez facilement la fiabilité de certains expérimentateurs du domaine paranormal. Enfin, nous mettrons en évidence comment, avec des moyens simples, on peut juger la validité de théories présentées à grand renfort de calculs, notamment statistiques.

Rappelons l'effet puits : « Faites des phrases profondes – profondes au sens de creuses, bien sûr – et tous vos auditeurs s'y retrouveront largement[1]. » Voici maintenant quatre autres effets[2] qui se retrouvent dans de nombreux textes pseudo-scientifiques pour tenter de les accréditer.

1. *Cf. Devenez sorciers, devenez savants, op. cit.*
2. Pour des informations sur d'autres effets, *cf.* « Du paillasson au bipède humain ou Origine et évolution des activités de l'*Homo parasapiens* au travers de quelques effets », – *in Le Paranormal*, Seuil, 2001, p. 191-203.

L'effet cerceau

L'effet cerceau est, comme son nom l'indique, un raisonnement circulaire, un véritable cercle vicieux. Il est très répandu chez les parapsyphiles[3] et autres tenants des pseudo-sciences ou croyances diverses. Il consiste à admettre au départ ce qu'on entend prouver par la suite.

Voici un exemple d'effet cerceau vécu dans un débat.

Une personne sceptique pose la question :

« Comment savez-vous que le sujet a utilisé la perception extra-sensorielle ? »

Son interlocuteur, parapsychologue émérite, lui répond sans sourciller :

« Il a obtenu des résultats dépassant ceux du hasard. »

C'est une réponse parfaitement honorable et tout à fait justifiée si des expériences effectivement bien contrôlées ont eu lieu, si toutes les possibilités de fraude ou de communication d'information étaient écartées et si les calculs statistiques sur les résultats obtenus ont été faits correctement.

Le sceptique pose une nouvelle question après un certain laps de temps pendant lequel la discussion a porté sur des choses et d'autres :

« Et comment votre sujet a-t-il obtenu des résultats dépassant ceux du hasard ? »

La réponse est immédiate, elle fuse sans contradiction possible :

« Il a utilisé la perception extra-sensorielle. »

Autrement dit, la réponse est un écho de la question : « Comment savez-vous que le sujet a utilisé la perception

3. Les adeptes de la parapsychologie.

extra-sensorielle ? » « Il a utilisé la perception extra-sensorielle. »

Un autre exemple, dans un autre domaine, suit exactement la même démarche et le même enchaînement :

« Qu'est-ce qui vous prouve la divinité de Jésus ? »

« Les miracles qu'il a accomplis. »

Après quelques instants :

« Pourquoi et comment Jésus peut-il faire des miracles ? »

« Parce qu'il est d'essence divine ! »

Un très bel exemple d'effet cerceau paru dans une publication scientifique d'un bon niveau mathématique et nettement moins facile à détecter que ceux que nous venons de citer sera détaillé dans le chapitre sur la reconstitution tridimensionnelle du saint suaire de Turin.

L'effet boule de neige

Le contenu de cet effet – « X. déclare que Y. a dit que Z. avait appris chez W. que... » – est facile à retenir, il suffit de garder en mémoire l'image de la petite boule de neige dévalant la pente et finissant en monstre sphérique tout en bas.

Prenons un exemple dans le domaine de l'archéologie-fiction, celui des *variations* sur le thème « Alexander Kazantsev ».

En 1963, l'argument d'autorité massue pour accréditer la thèse de la venue d'extraterrestres sur Terre dans l'Antiquité est le « professeur » Alexandre Kazantsev[4].

---

4. R. Charroux, *Histoire inconnue des hommes depuis 100 000 ans*, Robert Laffont, 1963.

En 1966, Guy Tarade et André Millou nous parlent du « physicien » Kazantsev[5].

En 1969, Guy Tarade nous apprend que Kazantsev a « reçu les honneurs de la science russe[6] ».

En 1970, Serge Hutin nous entretient des déclarations du « savant soviétique Kazantsev[7] ».

En 1971, Simone Waisbard nous présente Kazantsev comme un « authentique savant russe et professeur[8] ».

En 1974, Kazantsev devient « écrivain et savant[9] ».

En 1998, les éditions Atlas présentent Kazantsev comme « savant russe, membre de l'Académie des sciences de Moscou[10] ».

En 2006... Non !

Et pourtant, dès 1962, avant même la première ligne de la longue liste précédente non exhaustive, on pouvait lire que « Alexandre Kazantsev [...] n'est pas un savant. C'est un célèbre écrivain soviétique de science-fiction [...] né en 1906 à Akmolinsk au Kazakhstan. Il a fait des études techniques supérieures et il a travaillé comme ingénieur mécanicien. Il commença à publier ses premières œuvres en 1939[11] ».

Autrement dit, « l'authentique savant russe et professeur » n'est *ni* savant, *ni* russe, *ni* professeur !

5. G. Tarade et A. Millou, « L'enigma di Palenque », *Clypeus*, n° 4/5, octobre 1966.
6. G. Tarade, *Soucoupes volantes et civilisations d'outre-espace*, J'ai Lu, 1969.
7. S. Hutin, *Hommes et Civilisations fantastiques*, J'ai Lu, 1970.
8. S. Waisbard, *Tiahuanaco, 10 000 ans d'énigmes incas*, J'ai Lu, 1982, dans son chapitre anti-allégations de Kazantsev.
9. J. Vallée, *Chroniques des apparitions extraterrestres*, J'ai Lu, 1974.
10. Dans leur vidéo *Présence des extraterrestres*. En fait, la vidéo vendue cette année-là est un vieux film qui date du début des années 1970, c'est-à-dire environ vingt-cinq ans plus tôt.
11. En page littéraire de la revue *Études soviétiques*, n° 172, juillet 1962.

L'effet escalade

On s'étonne de rencontrer dans le domaine paranormal des personnes qui y ont passé beaucoup de temps et qui, malgré des recherches sérieuses, à moins que ce ne soit à cause de cela, n'ont absolument rien trouvé, ont même obtenu systématiquement des résultats négatifs et continuent néanmoins à chercher.

Si ce comportement témoigne au premier abord d'une belle persévérance, réflexion faite, cela relève plutôt de l'entêtement qui n'est pas vraiment la qualité première d'un chercheur.

Le psychologue britannique H. B. Gibson a montré, il y a plus de vingt-cinq ans maintenant, que le ressort fondamental qui fait perdurer la quête en parapsychologie en dépit de sévères déboires est tout simplement la tendance humaine à « en vouloir pour son argent, jusqu'au dernier centime ». Le parapsychologue qui se rend compte qu'il s'est fourvoyé, qu'il a fait fausse route pendant des lustres, se trouve dans un véritable cul-de-sac intellectuel, si bien que la seule manière de ne pas perdre la face vis-à-vis des autres et de lui-même est de se la voiler.

« Nom de Zeus ! Ce n'est pas possible, je n'ai pas pu me tromper à ce point ; il *doit* y avoir quelque chose de vrai, la pychokinèse *doit* exister. »

Avec un tel présupposé, une telle « vanité[12] », le parapsychologue continue son activité pseudo-scientifique.

---

12. Diderot avait déjà souligné clairement cette tendance humaine : « Quand on suit une mauvaise route, plus on marche vite, plus on s'égare ; et le moyen de revenir sur

S'il persévère en dépit de toute évidence, c'est parce qu'il s'est engagé *de lui-même* sur cette voie, personne ne l'y a contraint. Curieusement, lorsqu'un choix se fait librement, en tout cas avec l'impression de l'avoir fait librement, l'être humain a une curieuse tendance à s'y conforter, même si les éléments objectifs de ce choix se sont ensuite modifiés à tel point qu'il devrait en être modifié.

Cet effet escalade d'engagement, que l'on peut encore appeler « effet 50 centimes », a été bien mis en évidence dans des expériences de psychologie sociale menées par Robert Cialdini et ses collaborateurs[13].

Dans ces expériences, les étudiants ayant choisi *librement* un test A rébarbatif – choix induit par un mensonge attractif, par exemple l'annonce d'un bonus à l'examen – par rapport à un test B, objectivement plus agréable, reviennent *nettement moins* sur leur décision à la révélation du mensonge et à la possibilité de faire un nouveau choix que les étudiants qui ont été contraints et forcés.

Les étudiants ayant décidé librement persévèrent à 75 %, après la révélation, dans leur choix, manifestement pas le plus judicieux. C'est l'*escalade d'engagement.*

Ce comportement humain est fondé sur une adhérence un peu particulière, une adhérence au *comportement* même de décision et non aux *raisons*, bonnes ou mauvaises, qui

---

ses pas, quand on a parcouru un espace immense ? L'épuisement des forces ne le permet pas ; la vanité s'y oppose sans qu'on s'en aperçoive. L'entêtement des principes répand sur tout ce qui environne un prestige qui défigure les objets. On ne les voit plus comme ils sont, mais comme il conviendrait qu'ils fussent. » (*Pensées sur l'interprétation de la nature.*)

13. R. Cialdini *et al.*, *J. Pers. and Soc. Psych.*, 36, p. 463-476, 1978. Pour une information plus large, *cf.* R. V. Joule, J.-L. Beauvois, *Petit Traité de manipulation à l'usage des honnêtes gens*, Presses universitaires de Grenoble, 1987, et J.-L. Beauvois, *Traité de la servitude libérale. Analyse de la soumission*, Dunod, 1994.

Décision libre

test A fastidieux rendu attractif	test B normal
81	19
annonce "vraie"	
61	39

Décision forcée

test A fastidieux rendu attractif	test B normal
100	0
annonce "vraie"	
42	58

Contrôle

test A	test B
annonce "vraie" d'entrée	
31	69

À l'annonce « vraie », les étudiants peuvent modifier leur premier choix de test puisque les raisons objectives du choix ne sont plus les mêmes.

sont censées orienter ce comportement. Nous nous trouvons face à une persévération de l'activité de décision[14].

Ce comportement a été, depuis plusieurs années déjà, pressenti comme étant à la base des domaines pseudo-scientifiques qui nous intéressent ici. Les moyens de contrôle qui existent à notre époque, ainsi que la sophistication des expériences, devraient permettre d'éviter toute fraude de la part des médiums testés ; on est donc – au vu des protocoles d'expérience souvent *méthodologiquement défaillants* – amené à se poser des questions sur l'intégrité intellectuelle des « expérimentateurs » du paranormal. Ce domaine est caractérisé par le fait que, quelle que soit la somme d'efforts et d'expérimentations investie, la recherche n'a pas avancé d'un seul pas. En d'autres termes, ce

14. Donnée du comportement humain utilisée souvent dans la vente à domicile (ou en magasin), avec le phénomène d'« amorçage » !

qui reste concrètement de la parapsychologie après avoir déduit les cas de fraude, c'est essentiellement la propension humaine à abuser les autres et à s'abuser soi-même.

L'effet petits ruisseaux

L'effet petits ruisseaux est la construction par des parapsychologues, archéomanes qui ne jurent que par les extraterrestres pour expliquer les constructions monumentales des civilisations passées comme les pyramides d'Égypte, les pistes de Nazca, les statues de l'île de Pâques, par exemple, ou autres pseudo-scientifiques, de magnifiques théories à partir de petits oublis ou de petites erreurs absolument nécessaires à leur crédibilité. Comme les petits ruisseaux font les grandes rivières, les petits oublis permettent les théories grandioses. Il ne faut donc jamais négliger quelques questions toutes simples, comme, par exemple :

Tous les paramètres sont-ils donnés et le sont-ils correctement ?

Quelles sont les unités utilisées et ont-elles une cohérence globale ?

La valeur des paramètres est-elle fonction du temps ?

Voici un exemple d'effet petits ruisseaux.

Dans son ouvrage sur les maîtres du monde, Robert Charroux parle d'un site archéologique de la région niçoise, la pyramide de Falicon[15].

---

15. R. Charroux, *Le Livre des Maîtres du Monde*, Robert Laffont, 1967.

Cette petite pyramide coiffait[16] un aven, une petite grotte à laquelle monsieur Charroux n'a pas prêté grande attention mais où il prétendait qu'il existait une seconde salle souterraine consacrée au feu et dont les « Templiers [...] auraient connu l'entrée secrète menant à [...] la *seconde pyramide...* » (je souligne). Voilà qui devenait beaucoup plus intrigant. Et cet archéomane de nous préciser :

« Il faut descendre encore pour trouver le fond et une spacieuse caverne longue d'une trentaine de mètres, haute de vingt.

Dans ce fond de l'aven est une deuxième pyramide [...] base d'une vingtaine de mètres et une hauteur de dix mètres environ. »

Relisez attentivement ces lignes.

La pyramide souterraine a une base d'une vingtaine de mètres et fait dix mètres de haut. Apparemment, cette affirmation ne pose pas de problème. Mais dans la phrase précédente concernant la « spacieuse caverne », vous ne remarquez rien ?

Eh oui ! Un paramètre a été « oublié » par Robert Charroux. Il nous précise bien que la « spacieuse caverne » fait 30 m de long sur 20 m de haut mais il ne nous dit pas sur *combien de large*.

Ses lecteurs l'ignoreront longtemps encore, à moins qu'ils ne prennent connaissance du relevé ci-dessous de la seconde salle de cet aven.

---

16. L'imparfait est malheureusement de mise car il ne reste (presque) plus grand-chose de cet édifice. Quelques promeneurs empruntant le sentier de grande randonnée qui le borde se sont « amusés » à desceller des pierres de l'édifice pour les jeter dans l'aven qui s'ouvre sur une des faces de cette pyramide afin – certainement grâce à leur ouïe ultra-fine et leurs capacités de calcul de la variation d'altitude d'un corps en chute libre – d'en mesurer la profondeur.

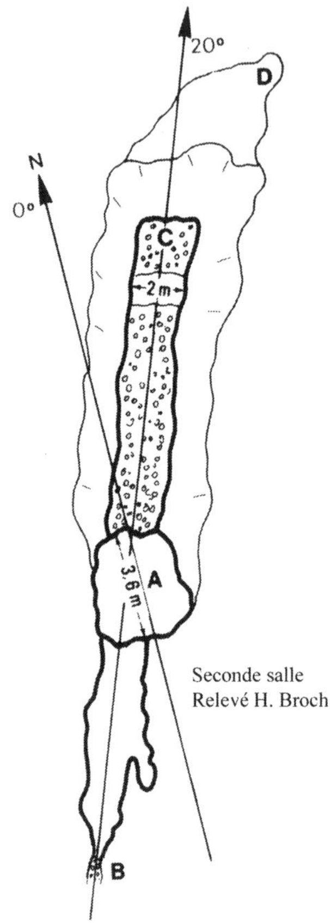

Relevé de la seconde salle de la grotte des Ratapignata (pyramide de Falicon).

Cette seconde salle n'est en réalité qu'une grande fissure d'une largeur moyenne au niveau du sol de 2 m. Il paraît difficile d'y caser une pyramide de 20 m de côté !

Voici un second exemple, après la pyramide de Falicon : le lancer de poulets. Nous n'en garantissons pas la véracité mais il illustre tellement bien notre propos que nous l'offrons à votre réflexion.

Pour tester la résistance des pare-brise des cockpits de ses avions, l'administration aéronautique fédérale américaine (FAA) a mis au point un pistolet qui lance des poulets morts. Le poulet est propulsé sur le pare-brise à la vitesse d'un avion en plein vol. Si le pare-brise résiste au choc, cela signifie qu'il ne subira aucun dommage lors de la percussion d'un véritable oiseau.

Des ingénieurs anglais ont décidé d'utiliser ce pistolet pour vérifier la solidité du pare-brise d'une nouvelle locomotive de train à grande vitesse qu'ils étaient en train de développer.

Bang !

Le poulet a éclaté le pare-brise, pulvérisé le tableau de bord et détruit le siège du pilote avant de s'encastrer dans la paroi du fond de la cabine de pilotage !

Choqués, les Anglais ont transmis tous les éléments de leur expérience à la FAA afin de vérifier le protocole de test. La FAA a étudié les éléments transmis par leurs collègues puis a émis une recommandation laconique : « Décongelez le poulet ! »

Moralité : faites attention à l'effet petits ruisseaux. Dans un protocole, n'oubliez jamais le petit détail qui peut faire la grosse différence.

Comptes et mécomptes

Des calculs statistiques permettent parfois de juger la manière dont sont faits des calculs ou des données utilisées. Un exemple nous fera mieux comprendre.

Qu'une personne se trompe en faisant des additions n'a rien de bien particulier et n'est pas vraiment extraordinaire ni même répréhensible pourvu que ce ne soit pas trop fréquent.

Si donc un commerçant se trompe dans l'addition en faisant votre note, c'est encore banal.

Si ce même commerçant se trompe souvent, vous êtes en droit d'en déduire qu'il n'est pas très doué pour le calcul et qu'il devrait se servir d'une calculatrice.

Mais si, maintenant, les erreurs d'addition que commet ce commerçant ne sont pas aléatoires – tantôt en sa faveur, tantôt en votre faveur –, mais très souvent dans le même sens, le sien, alors vous êtes en droit de douter de son honnêteté et d'estimer qu'il cherche à vous escroquer.

Un calcul de statistiques permet de quantifier ce « très souvent » en fonction du nombre de fois où les erreurs sont commises et d'attribuer ainsi une probabilité à un tel événement, c'est-à-dire de connaître les chances pour qu'un tel événement se produise par pur hasard. Selon le résultat, on saura si ces erreurs d'addition sont volontaires ou involontaires et s'il faut accorder ou non sa confiance à la personne qui les commet.

Penchons-nous sur les travaux statistiques de Michel Gauquelin qui font autorité parmi les astrologues et les astrologophiles. Ceux-ci tiennent en effet pour acquis que « les travaux de Michel Gauquelin, statisticien du CNRS », auraient prouvé que la planète Mars (entre autres) aurait un pouvoir particulier, l'effet Mars, celui de favoriser la naissance des sportifs de haut niveau. Les positions de la planète Mars à son lever et à sa culmination correspondent à des naissances de bébés qui deviendront plus tard des sportifs de haut niveau, les mêmes positions de la planète Jupiter correspondent à des bébés futurs acteurs, journalistes ou politiciens, et celles de Saturne à des nouveau-nés futurs savants, sans parler de la Lune pour les futurs peintres et écrivains. Nous y reviendrons plus loin.

Nous ferons d'abord observer qu'à notre connaissance monsieur Gauquelin n'a jamais été statisticien, pas plus qu'il n'a appartenu au CNRS. Cette attribution de titre et d'affiliation ferait sourire s'il ne s'agissait que de flatterie. Mais il s'agit de beaucoup plus. Le label à double détente, de statisticien *du* CNRS, fonctionne comme un principe d'autorité.

Avant de se lancer dans des calculs savants, longs et pénibles, afin de vérifier ou d'infirmer les prétentions de monsieur Gauquelin, il peut être préférable de juger d'abord la fiabilité des données utilisées sur lesquelles ils portent. Il suffit d'un petit calcul de statistiques fort simple.

Il n'est pas besoin non plus de reconstituer une base de données de milliers de naissances, comportant l'année, le mois, le jour et l'heure ainsi que les coordonnées géographiques du lieu pour voir si un effet Mars se produit ou non. D'autres l'ont fait et le résultat infirme totalement la théorie de Michel Gauquelin[17]. Mais entreprendre ce travail de titan n'est pas vraiment nécessaire. Nous allons simplement montrer ici qu'un petit calcul permet de conclure sur la *manière* dont les données ont été recueillies par Michel Gauquelin.

Le tableau suivant donne le nombre de données[18] qui se sont avérées « difficiles à trouver ».

---

17. C. Benski, D. Caudron, Y. Galifret, J.-P. Krivine, J.-C. Pecker, M. Rouzé, E. Schatzman et J. W. Nienhuys, *The Mars Effect*, Prometheus Books, 1996.
18. J. W. Nienhuys, « The Mars effect in retrospect », *Skeptical Inquirer*, 21(6), novembre-décembre 1997. Ces données de naissances proviennent de plusieurs bases sur les champions et sportifs de haut niveau : dictionnaire Seghers, dictionnaire Le Roy, liste de champions du Comité français d'étude des phénomènes paranormaux (aujourd'hui disparu).

	Total	Trouvées par Gauquelin	Non trouvées par Gauquelin
Champions avec « coordonnées difficiles à trouver »	212	165	47
Nés en secteur clef	54	51	3
Non nés en secteur clef	158	114	44
Pourcentage effet Mars		31 %	6 %

Sur 212 cas de coordonnées difficiles à trouver, Michel Gauquelin en a découvert 165. Regardons combien parmi ces 212 cas correspondaient à un effet Mars, c'est-à-dire dans combien de cas la naissance se produisait lorsque Mars était dans un secteur clef, à son lever – secteur 1 – ou à sa culmination – secteur 4. Il y en a 54.

Et combien Michel Gauquelin a-t-il de champions nés en secteur clef dans les 165 données qu'il a trouvées ? Il en a 51.

51 sur 54 possibles ? Vous vous posez certainement la question suivante : sachant que l'on a 54 « personnes nées en secteur clef » sur un total de 212 personnes, quelle est la probabilité d'obtenir par pur hasard 51 « personnes nées en secteur clef » en tirant 165 personnes parmi ces 212 ?

Question que l'on peut, pour être plus clair, poser ainsi : une boîte contient 158 jetons blancs et 54 noirs. En tirant au hasard de cette boîte 165 jetons, combien ai-je de chances d'en obtenir 51 noirs ?

Le résultat du calcul[19] est 2.10^{-12}.

Cette probabilité n'est peut-être pas évidente sous cette forme, mais, en clair, elle signifie que l'on a environ

19. Le calcul se fait ainsi $P(51) = C_{54}^{51} \,.\, C_{158}^{114} \,/\, C_{212}^{165}$.

35 000 fois plus de chances de gagner au Loto en jouant une seule grille que de faire, par hasard, un tel tirage !

Cela montre que la *manière* de choisir les données n'a rien eu d'aléatoire. En l'occurrence, ce n'est *pas* de choix au hasard qu'il s'agit, mais d'un *tri* des données, d'un véritable effet cerceau. Ce calcul montre clairement que Michel Gauquelin a choisi, parmi les données de naissances, celles qui indiquaient effectivement la planète Mars en secteur 1 ou 4 et qu'il a sciemment écarté les autres.

On introduit au départ ce qu'on prétendra ensuite trouver par de savants, longs et ennuyeux calculs que pratiquement personne ne refera. Si d'aventure quelqu'un les refaisait, on le pousserait à vérifier méticuleusement tous les calculs, alors que la méthode mathématique peut être bonne, si elle est appliquée sur des données délétères, elle ne donne rien de bon. « GIGO », disent les informaticiens, « *garbage in, garbage out* ».

Il faudrait donc aussi vérifier les données et si nécessaire construire une nouvelle base, mais le travail colossal que représente l'établissement d'une base de centaines de milliers de données peut fortement refréner toute velléité de contrôle. C'est ce qu'on pourrait appeler, en paraphrasant Jean-Claude Pecker, l'« effet Gauquelin ».

Ce que l'on vient de dire des statistiques de Michel Gauquelin vaut pour celles de l'Institut de parapsychologie de Joseph B. Rhine. De nombreux mathématiciens indépendants ont certifié que les *calculs* statistiques de ses collaborateurs étaient rigoureux. Et ce serait une preuve de la validité des expériences et des résultats de cet admirateur d'une jument télépathe[20].

20. Voir *Au cœur de l'extra-ordinaire*, *op. cit.*, p. 195-196.

La méthode statistique est supposée correcte. Et alors ? Que pensent en tirer les parapsychologues statisticiens ou non ? Que les résultats sont *donc* corrects et qu'*en conséquence* les pouvoirs psi existent ?

Et pourtant on voit bien qu'il y a une faille dans le raisonnement : ce sont les *données* et les méthodes *expérimentales* qu'il faut d'abord vérifier. Avec des données triées et de mauvais protocoles d'expériences, on obtient des résultats splendides que de savants calculs statistiques – eux, parfaitement corrects – mettront ensuite bien en valeur.

Concernant les données triées, il suffit de citer un scientifique reconnu, Irving Langmuir, prix Nobel de chimie, qui a rendu visite à Joseph B. Rhine à l'époque la plus glorieuse de son laboratoire de parapsychologie, puis monsieur Rhine lui-même.

Irving Langmuir a témoigné que Joseph B. Rhine avait dissimulé des centaines de milliers de résultats *négatifs*. Son jugement est sans appel : « Aucun homme sain d'esprit ne pourrait écarter des données de la manière dont Rhine l'a fait [...]. Aussi je ne tiens pas en très haute estime ses travaux. »

Voici des extraits de leur discussion[21] sur les expériences de perception extrasensorielle avec les cartes Zener qui représentent cinq symboles : un cercle, un signe +, trois lignes ondulées, un carré et une étoile. Chaque carte ne comporte qu'un symbole et le même symbole est reproduit sur cinq cartes. Un jeu est donc composé de 25 cartes. La probabilité de déterminer par pur hasard la valeur d'une

21. I. Langmuir, « Pathological science », *CRD, Technical Information Series*, n° 68-C-035, 1968.

carte est donc égale à un cinquième[22] et la moyenne des réussites si le hasard intervient seul est égale à 5. Or Rhine a montré à son visiteur de nombreux fichiers (« toute une rangée de fichiers ») de résultats non publiés : « Peut-être des centaines de milliers de fiches. Il a un fichier qui ne contient que ces résultats d'expériences scellés dans des enveloppes. Ce sont celles qui donnent la moyenne de 5. »

— B. Rhine : « J'ai des millions de ces cas où la moyenne est aux environs de 7 sur 25. »

— I. Langmuir [...] : « Bien, c'est très intéressant parce que vous dites que vous avez publié un résumé de *toutes* les données en votre possession. Et que cela a donné 7. Il est maintenant en votre pouvoir de faire un pourcentage *sur une base plus large* en incluant ces cartes scellées dans ces enveloppes et cela pourrait ramener toute la chose à 5. Le ferez-vous ? »

— Bien sûr que non, cela serait malhonnête.

— Pourquoi malhonnête ?

— Les scores faibles sont tout aussi significatifs que les scores forts ; ils prouvent qu'il y a quelque chose ici aussi et en conséquence cela ne serait pas honnête.

— Allez-vous les compter ? [...]

— Non, non.

— Qu'avez-vous fait avec ces cas ? Sont-ils dans votre livre ?

— Non.

— Pourquoi ? Je croyais que vous disiez que *toutes* les valeurs étaient dans votre livre. Pourquoi ne pas avoir inclus celles-ci ?

22. Sous la réserve que les expériences soient méthodologiquement correctes ; ce qui n'est même *pas* le cas de celles menées à l'Institut de Joseph. B. Rhine !

— Eh bien, je n'ai pas eu le temps de les élaborer (les travailler).

— Pourtant, vous connaissez tous les résultats, vous m'avez dit les résultats.

— Eh bien, je ne donnerai les résultats publiquement que lorsque j'aurai eu le temps de les digérer.

Digestion lente ? Ces données n'ont jamais été publiées. Ce qui est contraire à une démarche scientifique, laquelle demande que *tous* les résultats – y compris négatifs – soient publiés.

Il ne faut surtout pas croire que des résultats négatifs n'ont aucun intérêt. Outre le fait qu'ils permettent d'éviter ce qu'on appelle l'« illusion du petit effectif » qui fait croire extraordinaires des résultats tout à fait normaux, ils peuvent également déboucher sur une nouvelle théorie et de nouvelles découvertes. Imaginons un instant que Michelson et Morley, les deux physiciens qui, à la fin du XIXe siècle, cherchaient à mesurer par interférométrie le déplacement de la Terre dans l'« éther » en comparant les vitesses de la lumière dans deux directions perpendiculaires, n'aient pas publié leur résultat négatif : croit-on que la théorie de la relativité restreinte aurait été aussi facilement reçue ?

Joseph B. Rhine lui-même le dit et l'écrit : « Le *Journal de parapsychologie* est le seul périodique de parapsychologie qui a comme politique expresse de *ne pas* publier des rapports d'expérimentations non significatives[23] » (c'est moi qui souligne).

23. J. B. Rhine, « Publication policy regarding nonsignificant results », *Journal of Parapsychology*, 1975.

Il déclare sans ambages qu'il faut rejeter les « rapports négatifs », « c'est-à-dire des articles décrivant des expériences aboutissant à des données explicables par le hasard et qui donc ne permettent de tirer aucune conclusion pour ou contre le problème en question ».

Comment peut-on encore parler de l'« auréole de scientificité » qui couronne la démarche de Joseph B. Rhine ?

« En d'autres termes, un résultat expérimental non significatif n'affecte pas la significativité d'une autre expérience réalisée indépendamment. »

Cette superbe maxime de Joseph B. Rhine relève de la tautologie. Bien sûr, une expérience indépendante est indépendante d'une autre. Mais si cela n'affecte en rien sa significativité, cela affecte évidemment la *crédibilité* de cette expérience réussie au milieu d'autres expériences équivalentes mais qui, elles, ne le sont pas.

Il écrit encore noir sur blanc que des échecs « ne peuvent donner que peu ou pas de lumière sur la raison pour laquelle le psi n'est pas apparu ». Ce qui, on le notera, *présuppose* que le psi existe !

Sans cette présupposition qui fausse le raisonnement, les échecs font évidemment comprendre pourquoi des résultats positifs apparaissent de temps en temps. Ce n'est pas le psi qui se manifeste, inutile de faire appel à cette hypothèse superflue à cette étape. Il n'y a pas des expériences réussies et des expériences ratées ; il y a tout simplement des expériences. Et leurs résultats sont, tout aussi simplement, la conséquence normale de distributions aléatoires – en d'autres termes, du hasard.

Ce qui serait vraiment extraordinaire, hors de l'ordinaire, hors normes, c'est que de tels résultats positifs n'apparaissent pas de temps en temps ! Mais il semble que cela, certains parapsychologues ne puissent le comprendre. C'est un peu comme si un astrologue se trompait tout le temps dans ses prédictions, systématiquement. Ce serait vraiment extraordinaire, on serait en droit d'en déduire qu'il a un réel pouvoir, négatif certes, mais un pouvoir tout de même puisqu'il suffirait à ses disciples de prendre le contre-pied de ses prédictions erronées pour en faire de correctes.

Ce type de posture n'est pas limité au domaine de la parapsychologie ou de l'astrologie.

Un travail expérimental publié dans la revue *Nature* par le docteur Jacques Benveniste et ses collaborateurs[24] était censé avoir démontré la persistance de l'effet biologique d'un produit à des dilutions telles qu'il ne restait plus rien de cette substance. Le terme « mémoire de l'eau » a été forgé pour montrer que l'eau serait ainsi capable de conserver le souvenir de molécules qui n'ont *pas* été à son contact direct, grâce au contact de l'eau qui a été au contact de l'eau qui a été au contact de l'eau, etc., qui a été au contact de ces molécules du principe actif du produit d'origine.

Dans cette fameuse affaire dite « de la mémoire de l'eau », les deux plus sérieux scientifiques – en tout cas les plus titrés et les plus compétents aux yeux de leurs pairs – de l'équipe vérificatrice israélienne se sont retirés de la liste des cosignataires après la découverte de la présence anormale de

---

24. E. Davenas, F. Beauvais, J. Amara, M. Oberbaum, B. Robinzon, A. Miadonna, A. Tedeschi, B. Pomeranz, P. Fortner, P. Belon, J. Sainte-Laudy, B. Poitevin et J. Benveniste, « Human basophil degranulation triggered by very dilute antiserum against IgE », *Nature*, 333, 30 juin 1988, p. 816-818. Pour une information détaillée sur cette expérience précise et sur l'ensemble de l'affaire de la mémoire de l'eau, *cf. Au cœur de l'extra-ordinaire*, *op. cit.*, p. 173-192.

protéines dans les tubes de l'expérience faite par le docteur Élisabeth Davenas, tubes dans lesquels ne devait se trouver en principe que de l'eau et sa « mémoire ».

En effet, lors des travaux expérimentaux portant sur la dégranulation de basophiles humains provoquée par de hautes dilutions d'un produit (antisérum anti-immunoglobuline E) qui devaient donner lieu à publication dans *Nature*, à la suite des essais menés par le docteur Davenas à l'hôpital Kaplan de Rehovot en Israël, deux chercheurs de ce pays ont refusé de cosigner l'article.

Cet événement, ignoré sinon occulté, est d'autant plus important que ces deux chercheurs, le professeur Z. Bentwich (Institut Ruth Ben Ari d'immunologie clinique, hôpital Kaplan, Rehovot, Israël) et le professeur M. Shinitzky (Institut Weizmann des sciences, Rehovot, Israël) sont les deux seuls professeurs sur les cinq personnes impliquées dans ces recherches de confirmation ; les trois autres, devenues ensuite signataires de l'article du 30 juin 1988, sont le docteur Oberbaum, le docteur Robinson et madame Amara.

Ces retraits n'auguraient pas bien de la crédibilité de ces recherches. Elles allaient néanmoins défrayer la chronique pendant de longues années.

Pour souligner la faiblesse méthodologique des expériences décrites dans l'article original sur la mémoire de l'eau, voici deux graphiques édifiants de résultats entérinés et publiés dans le rapport d'enquête de la revue *Nature*[25].

25. J. Maddox, J. Randi, W. W. Stewart (1988), « High-dilution' experiments a delusion », *Nature*, vol. 334, 28 juillet 1988, p. 287, dans l'ordre fig. 5 et fig. 4.

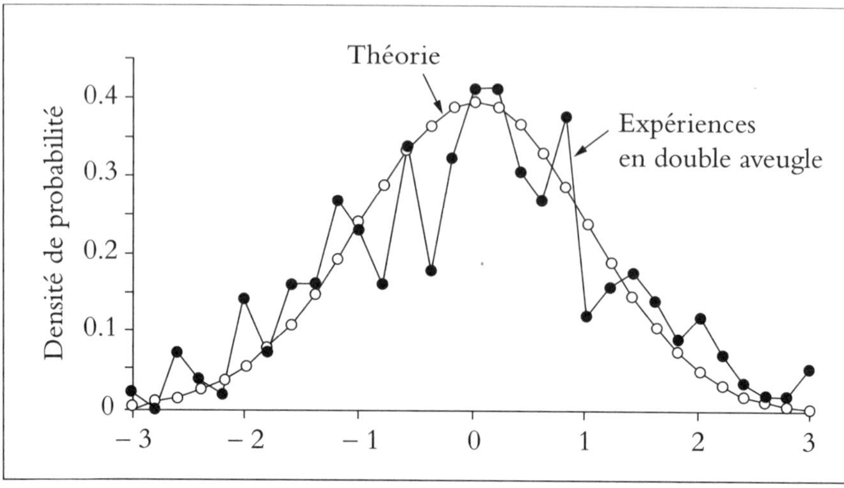

Le premier est le graphe des écarts par rapport à la moyenne des différents résultats d'expériences de « dégranulation de basophiles humains » menées dans le laboratoire Inserm de Jacques Benveniste en prenant en compte *uniquement* les expériences faites *en double aveugle*. En d'autres termes, les seules expériences faites en suivant une méthodologie correcte.

On peut constater l'accord entre ces diverses expériences en double aveugle et une répartition théorique dite « gaussienne ». Autrement dit, les variations par rapport à la moyenne relèvent d'une répartition normale, d'une répartition réellement au hasard. De telles expériences sont, à juste titre, qualifiées par tout scientifique de « saines ».

Par contre, le deuxième graphe montre une curieuse répartition des écarts à la moyenne lorsqu'on prend en compte *toutes* les expériences menées dans le laboratoire, même celles qui n'ont *pas* été faites en double aveugle.

Toutes ces données ont été rassemblées par Walter Stewart dont la conclusion confirme ce qui avait été dit et

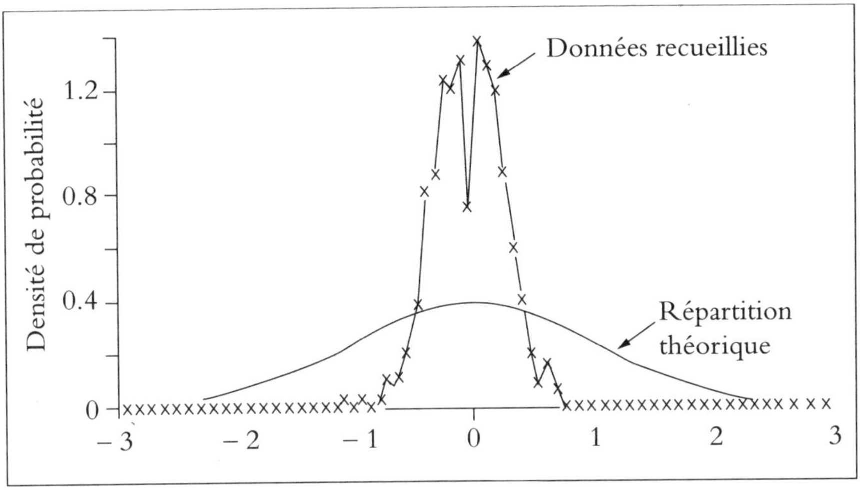

écrit dès la publication des travaux sur la « mémoire de l'eau » : « Il est clair que les deux courbes ne concordent pas : cela démontre que *les expériences ne sont pas scientifiquement saines*[26] » (je souligne).

Pour notre part, nous voudrions juste attirer votre attention sur un petit point complémentaire. Regardez bien le graphe en vous concentrant sur la valeur obtenue pour une abscisse nulle (le zéro sur l'axe horizontal). Le « trou » profond que l'on observe pile à la valeur zéro, au centre de ce graphe déjà véritablement « paranormal » (hors normes), est lui aussi significatif et confirme, si besoin était, l'« insanité » des données.

En effet, de manière générale – les enseignants le savent bien –, lorsque des auteurs retouchent ou inventent les résultats de leurs expériences, ils inscrivent des valeurs proches de la « vraie » valeur, celle qui donnera un écart

26. W. Stewart, « Affaire Benveniste », *Science et Vie*, n° 853, octobre 1988, p. 8.

égal à zéro, qu'ils savent devoir obtenir, mais *trop* proches, d'où la curieuse répartition impossible à obtenir par pur hasard. De plus, ces auteurs hésitent toujours à inscrire cette « vraie » valeur *précise* dans leurs valeurs artificielles, oubliant que le hasard, lui, la donne aussi de temps en temps ! D'où le trou à la valeur zéro dans la répartition des écarts à la moyenne.

Chapitre 4

FAITES VOTRE HOROSCOPE

> « Astrologie. C'est la maladie la plus longue qui ait affligé la raison humaine ; on lui connaît une durée de près de cinquante siècles. Cette maladie est incurable. Ses accès ne passent que pour renaître ; elle s'affaiblit par les progrès de la lumière, disparaît quand la lumière est universelle ; mais si la lumière souffre quelque éclipse, l'astrologie se remontre aussi hardie à débiter ses impostures, aussi heureuse à les accréditer. »
>
> J. S. BAILLY (cité par P. Larousse)

Avant de nous plonger dans l'examen des deux théories les plus célèbres prétendant accréditer l'astrologie, voyons ce texte surprenant d'un astronome. Celui-ci, comme l'ensemble de ses collègues, est clairement opposé à l'astrologie, mais il nous dit : « Astronome [...], j'ai été amené à m'intéresser de près à l'astrologie : pour de nombreuses interventions dans les médias [...]. L'argument contre l'astrologie, tiré de la précession des équinoxes, n'est malheureusement pas valable » ; il nous parle aussi du

13e signe dont « l'ajout date de 1922 » et déclare : « Je pourrais commenter d'autres arguments fréquemment utilisés, à tort, comme les jumeaux astraux, ou les malheureux Lapons qui n'ont pas d'horoscope. »

Eh bien, contrairement à ce qu'affirme cet astronome, ces arguments sont on ne peut plus valables ! Et celui de la précession des équinoxes est non seulement correct mais c'est même un argument de poids *parfaitement et rigoureusement adapté* au cas en question.

Découverte au IIe siècle avant notre ère par l'astronome Hipparque, la « précession des équinoxes » est le constat qu'à la même heure le même jour, la position de la Terre sur son orbite autour du Soleil n'est *pas* la même d'une année à l'autre mais se déplace lentement et donc, en particulier, la position des équinoxes de printemps et d'automne. Ce phénomène[1] est dû au fait que l'axe de rotation de la Terre n'a pas une direction fixe dans l'espace mais effectue, un peu comme l'axe d'une toupie, un lent pivotement qui l'amène à décrire un cercle complet en 26 000 ans environ.

La précession des équinoxes est un argument non seulement valable, mais fondamental. Encore faut-il l'utiliser à bon escient, en l'occurrence essentiellement dans le cas des astrologues *tropiques*.

Les astrologues tropiques – la très grande majorité des astrologues occidentaux – sont ceux qui utilisent un zodiaque tropique, c'est-à-dire lié au Soleil. Ils définissent les signes comme des rectangles de la sphère céleste totalement arbitraires – et vides de toute étoile – qui découpent le zodiaque en douze cases à partir du point gamma corres-

1. Pour plus de détails sur ce phénomène, *cf.* G. Charpak et H. Broch, *Devenez sorciers, devenez savants*, *op. cit.*, p. 33-36.

pondant à l'équinoxe de printemps. Ce point se trouve au début du rectangle Bélier, lequel, peu avant le début de notre ère, recouvrait effectivement la constellation du Bélier. Ainsi tout concordait (à peu près) pour les signes constellations. Mais le temps a fait son œuvre et les signes (les cases rectangulaires) des astrologues tropiques ne correspondent actuellement plus du tout aux constellations d'origine qui leur ont pourtant donné noms et attributs !

Les astrologues sidéraux, quant à eux, utilisent un zodiaque sidéral, c'est-à-dire réellement fondé sur les étoiles, comme celui des anciens Chaldéens à l'origine de l'astrologie.

Par ailleurs, le 13e signe, Ophiuchus ou Serpentaire, ne date pas de 1922 : cette constellation est en effet connue depuis plus de deux mille ans et correspond bien à ce qu'on appelle une constellation zodiacale, c'est-à-dire une constellation traversée par l'écliptique, autrement dit par le Soleil dans son trajet annuel apparent sur la voûte céleste.

Un simple coup d'œil sur un planisphère, par exemple dans *L'Astronomie populaire* de Camille Flammarion donc datant de bien *avant* la réunion de l'Union astronomique internationale de 1922 qui aurait créé la constellation zodiacale d'Ophiuchus, montre clairement cette constellation largement coupée par l'écliptique. Il ne faut pas confondre la fixation des *limites* de l'ensemble des constellations lors de cette réunion en 1922 avec la *formation*, la création, des constellations, en particulier celle qui nous intéresse ici, Ophiuchus.

De même, personne n'a jamais dit que les Lapons n'avaient pas d'horoscope ; ce qui se dit, c'est que ces malheureux n'ont pas d'horoscope *complet*. Que représente en effet un thème astral sans Fond de Ciel, sans Milieu de Ciel, sans pointes de nombreuses Maisons, etc. ?

Afin d'être plus clair, voici quelques explications sur chacun de ces trois points.

Silence ! On tourne

La précession des équinoxes est bien un argument opposable aux astrologues, surtout tropiques, ces *vacuologues* comme on vient de le rappeler. Mais il y a souvent une précession incomprise et des zodiaques confondus[2].

On affirme que les astrologues tropiques utilisant un « zodiaque des saisons », c'est-à-dire un zodiaque ayant pour origine le point gamma – équinoxe de printemps – lui-même, le mouvement de précession n'interviendrait pas dans les calculs.

Or si les astrologues veulent utiliser un zodiaque des saisons, ils *doivent* (et non seulement ils *peuvent*) nécessairement prendre en compte la précession des équinoxes puisque c'est elle qui détermine la durée d'une saison.

La durée des saisons est variable non seulement d'une saison à l'autre[3], mais également au cours du temps pour une même saison[4]. La durée différente des saisons est due au fait que l'orbite de la Terre autour du Soleil est *elliptique* et non circulaire, et la variabilité de la durée d'une saison donnée est due à la *précession des équinoxes*.

---

2. *Cf. À propos de la thèse de doctorat de Mme Germaine (Elizabeth) Teissier,* http://www.unice.fr/zetetique/articles/HB_These_Teissier.html

3. Ainsi, actuellement, la durée de l'été est d'environ 94 jours alors que la durée de l'hiver est seulement de 89 jours.

4. Pour plus d'informations sur ce sujet et pour une analyse complète et détaillée de ce qu'une approche scientifique peut dire sur les bases mêmes de l'astrologie, *cf. Au cœur de l'extra-ordinaire, op. cit.*, p. 25-67.

Les astrologues tropiques allèguent une adéquation parfaite entre signes et saisons. Ils ne se rendent même pas compte de la faiblesse intrinsèque de cette démarche qui consiste à vouloir coller une image *fixe* (leurs signes) sur quelque chose de *variable* (les saisons).

Regardons le dessin ci-dessous pour bien comprendre d'où viennent les saisons. Dans la partie centrale, nous voyons deux positions H et E « diamétralement » opposées de la trajectoire elliptique de la Terre autour du Soleil et chacune de ces deux positions est détaillée, l'une au-dessus (position H) et l'autre en dessous (position E).

En position H (dessin du haut), si nous considérons un homme et son enfant dans l'hémisphère Nord (en haut sur notre dessin), nous voyons que le Soleil leur apparaît bas sur l'horizon : c'est l'hiver pour cet hémisphère. Alors que, dans

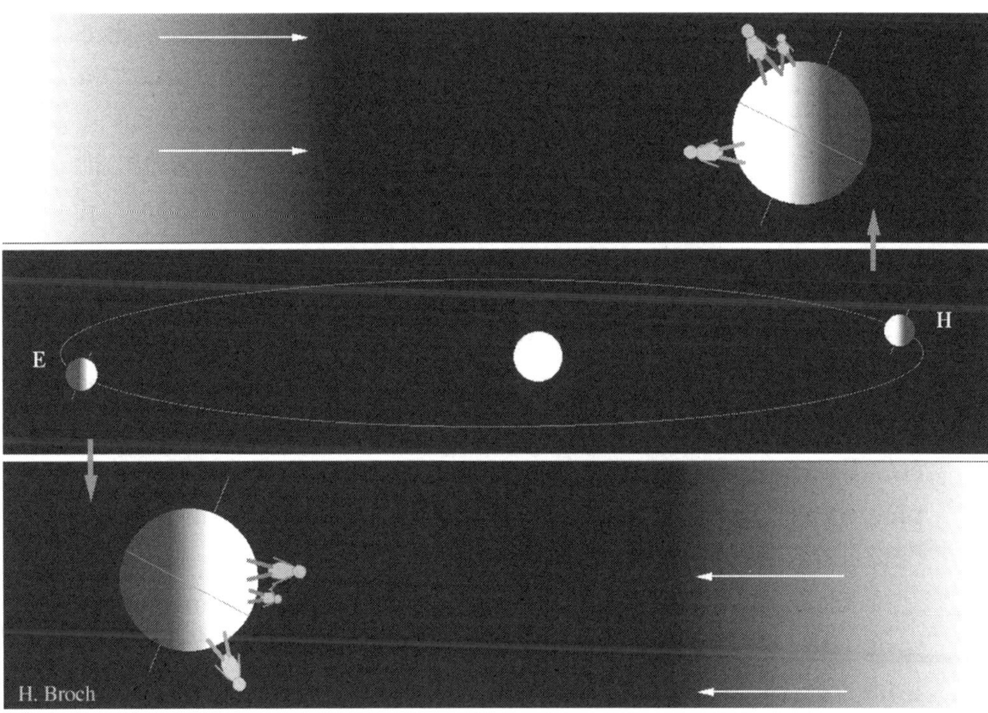

cette *même position* de la Terre sur son orbite, la personne située dans l'autre hémisphère voit au contraire le Soleil très haut dans le ciel et reçoit ainsi la quantité maximale de chaleur des rayons de l'astre : c'est l'été.

Dans la position notée E (détail dessin du bas), c'est l'inverse, l'homme et son enfant voient le Soleil au-dessus de leur tête (c'est l'été), alors que la personne seule de l'autre hémisphère voit le Soleil bas sur l'horizon.

Si l'axe de rotation de la Terre n'était pas incliné, mais strictement perpendiculaire au plan de son orbite, nous aurions, pour un lieu donné sur Terre, par exemple celui de l'homme et son enfant sur le dessin, le Soleil toujours à la même hauteur *quelle* que soit la position de la Terre sur son orbite. Et, en conséquence, pas de saisons.

C'est donc l'inclinaison de l'axe de rotation de la Terre qui explique les saisons.

Et le phénomène de précession de cet axe, c'est-à-dire son lent pivotement comme celui de l'axe d'une toupie, va le faire changer, lentement mais sûrement, d'orientation.

Prenons, pour simplifier, le cas où un demi-cycle de précession s'est écoulé : nous retrouvons alors la Terre en position H, mais avec son axe de rotation pointant dans une direction différente, la direction « opposée », puisque cet axe aura effectué la moitié de son trajet circulaire ; ce qui signifie que, dans cette position, l'homme et son enfant verront le Soleil très haut dans le ciel et ce sera pour eux le plein été. En d'autres termes, les saisons se seront décalées complètement sur la trajectoire de la Terre autour du Soleil : l'été aura pris la place de l'hiver.

Cela ne change pas grand-chose, pensera-t-on. Après tout, que la Terre soit ici ou là sur sa trajectoire, peu importe, on aura toujours un été et un hiver comme un printemps et un automne de durées constantes ; et l'inclinaison (l'*inclinaison*, pas l'orientation) de l'axe étant restée la même, ces saisons auront la même intensité qu'avant[5]. Ce serait (presque) vrai si la Terre avait une orbite circulaire autour du Soleil, mais – n'en déplaise aux astrologues – la révolution de la Terre autour du Soleil ne s'effectue pas suivant un cercle mais suivant une *ellipse*. Ce qui signifie que la vitesse de translation de notre planète n'est *pas* uniforme ; la Terre s'attarde un peu lorsqu'elle est loin de son astre attracteur et presse ensuite le pas lorsqu'elle s'en rapproche[6]. Si nous divisons schématiquement l'orbite de la Terre en quatre parties de même longueur, le *temps* passé dans chacune d'entre elles ne sera *pas* le même.

Or nous venons de voir que la zone de l'orbite terrestre correspondant à une saison se déplace au cours du temps : cela signifie que, selon l'endroit de l'orbite terrestre où l'on se trouve, la durée d'une saison considérée sera *variable* au cours du temps.

Résumons la situation ! Les astrologues tropiques, se fondant sur des rectangles arbitraires de la sphère céleste vides d'étoiles, pensent que ceux-ci n'ont plus de lien avec les mouvements réels inhérents à la sphère céleste et affirment en conséquence que « le mouvement de précession de la Terre n'intervient pas » dans leur zodiaque tropique.

Ces astrologues définissent explicitement leur zodiaque tropique de rectangles arbitraires comme un zodiaque *fixe*

5. Nous ne parlons évidemment ici que de la quantité d'énergie reçue du Soleil et non des modifications climatiques qui pourraient avoir lieu sur la Terre à cause des activités raisonnées ou erratiques des hommes.

6. Dans cette trajectoire elliptique, des *surfaces* identiques sont balayées dans des temps égaux (loi de Kepler).

fondé sur les saisons que, par méconnaissance des mouvements réels du ciel, ils supposent *immuables*, fixes, de durée identique et invariable.

Or, comme nous venons de le voir, non seulement les saisons n'ont pas une durée identique, mais la durée d'une saison elle-même est *variable* dans le temps.

Quel est le phénomène qui entraîne la variabilité de la durée des saisons ? C'est justement... la *précession des équinoxes*.

En somme, on peut dire que les saisons, qui ne sont *pas* fixes, disqualifient les astrologues tropiques puisque ces derniers se fondent précisément et explicitement sur des saisons fixes.

Exit donc l'allégation selon laquelle l'argument de la précession des équinoxes n'est pas valable et ne pourrait pas être opposé aux astrologues tropiques.

Le Serpentaire

Une constellation nouvelle que de méchants rationalistes auraient décidé d'ajouter au début du XXe siècle pour nuire aux astrologues ? Non bien sûr !

Cette constellation a été remarquée, formée et nommée au IVe siècle avant notre ère par Eudoxe de Cnide, astronome et mathématicien grec (vers -406 – vers -355). Pour se convaincre encore, si besoin était, que cette constellation d'Ophiuchus, le Serpentaire, est bien tout sauf une invention récente, il suffit d'en constater l'existence dans le poème didactique intitulé *Les Phénomènes* qu'Aratus (ou Aratos de Soles) a consacré à l'astronomie et à la météorologie au IIIe siècle avant notre ère.

« Voyez, tout près de la tête de celui-ci [l'homme à genoux], celle du Serpentaire Ophiuchus. Vous le distinguerez à l'éclat de ses épaules et de sa tête, qui paraissent même pendant que la Lune est dans son plein. Ses mains [...] sont fatiguées de porter le serpent qui croise le Serpentaire. Celui-ci debout sur le grand Scorpion, le foule sous ses pieds... »

« Les serres amènent aussi le Serpentaire Ophiuchus [...] seul de tous les groupes célestes, nous le voyons dans la même nuit se coucher d'un côté et se lever de l'autre [...] pour lui, la tête tournée d'un autre côté, il attend le lever du Scorpion et du Sagittaire. Car ces deux signes le portent, celui-ci par le milieu, et tout le reste en avançant vers lui sa main gauche et son arc avec sa tête. [...] »

« Regardez les deux pieds d'Ophiuchus se couchant jusqu'aux genoux, ce sont les marques du lever des Gémeaux qui montent de l'autre côté. »

Pour confirmer qu'il s'agit bien d'une constellation *zodiacale*, traversée par l'écliptique, c'est-à-dire par le Soleil dans son cheminement apparent sur la voûte céleste au cours de l'année, un simple coup d'œil sur une vieille sphère céleste dans un musée français ou étranger ou sur des reproductions de cartes célestes anciennes dans des ouvrages un peu spécialisés fera découvrir l'écliptique coupant sans aucune ambiguïté cet antique Serpentarius[7].

---

7. Les constellations sont souvent représentées sur les sphères et les cartes célestes par leur *astérisme*, c'est-à-dire la figure obtenue en joignant les étoiles principales d'une constellation par des traits de manière à en faciliter le repérage.

Les Lapons sans horoscope ?

Au nord du cercle polaire – on ne parle ici que de l'hémisphère Nord puisque, dans l'autre hémisphère, l'inversion des saisons ôte tout sens au zodiaque saisonnier[8] –, plus on s'approche du pôle, plus les intersections Maisons-écliptique se font rares car les Maisons, les « vraies », celles qui correspondent à la définition de Ptolémée, le codificateur de l'astrologie, se restreignent de plus en plus et finissent par n'occuper qu'une faible partie de la voûte céleste.

En effet, les douze Maisons correspondent à la division en six parties de temps identiques de la portion du trajet d'un astre au-dessus de l'horizon et en six parties également identiques de la portion du trajet sous l'horizon. Le temps passé par un astre au-dessus de l'horizon n'est bien sûr *pas* le même que celui qu'il passe sous l'horizon, sauf pour les astres qui seraient situés exactement sur l'équateur céleste, ce qui signifie que les six Maisons diurnes (au-dessus de l'horizon) n'ont *pas* la même taille que les six Maisons nocturnes (sous l'horizon).

La définition même des Maisons implique qu'elles ne sont pas définies sur la totalité de la sphère céleste mais *uniquement* sur la partie où les astres ont un lever et un coucher. C'est pourquoi, lorsque l'on s'approche des pôles, les Maisons deviennent très *petites*.

8. Les vertus des saisons ont été attribuées aux signes qui leur correspondent. Par exemple, les signes d'été sont dits par les astrologues « chauds et secs » et ceux d'hiver « humides et froids ». Si cela peut paraître correct pour l'hémisphère Nord (exemple le Lion « chaud et sec », cœur de l'été qui exalte le Soleil), cela devient plus difficile pour l'hémisphère Sud (le Lion se situe pour cet hémisphère en plein hiver !).

Les astrologues semblent avoir oublié ce fait ou en tout cas l'avoir négligé. Or cela n'est pas équitable puisque toutes les personnes qui vivent au-delà du cercle polaire sont concernées.

Dans ce *no man's land* astrologique, nous avons ainsi de très nombreuses localités, à de très nombreux instants, pour lesquelles des Maisons (devenues très petites) ne coupent même *pas* l'écliptique ; autrement dit, cette intersection Maison-écliptique, que les astrologues appellent la « pointe » de la Maison, n'existe pas.

Or quatre de ces Pointes (dénommées « Ascendant », « Occident », « Milieu du Ciel » et « Fond du Ciel ») forment ce que les astrologues appellent les quatre « Angles » de l'horoscope et sont déterminantes pour l'interprétation du thème astral.

De même, on peut avoir un ou plusieurs astres, et même la totalité d'entre eux, en dehors de toute Maison dont on a pourtant pu définir la Pointe, voire hors de toute Maison en général. Imaginez un instant un horoscope *sans* Soleil, *sans* Lune ni autres planètes !

Nous avons donc non pas des Lapons sans horoscope mais des Lapons avec des horoscopes *incomplets*, des horoscopes mités. Et cela ne les concerne pas eux seuls mais bien sûr toutes les personnes qui vivent au-delà du cercle polaire, c'est-à-dire des *millions* d'individus !

Il existe même des cas réellement dramatiques où l'horoscope *incomplet* devient l'horoscope *impossible*. Tel est le cas des points situés *sur* le cercle polaire et *à un instant* déterminé de la journée. En effet, au cours du mouvement quotidien de la sphère céleste, le pôle de l'écliptique passe chaque jour au zénith de tous les lieux terrestres situés sur le cercle polaire. À cet instant, l'écliptique coïncide avec l'horizon et ne traverse donc plus *aucune* Maison ! Et ce phénomène est totalement indépendant de la définition des Maisons.

Autrement dit, il n'y a *pas* d'horoscope possible pour les pauvres malheureux bébés alaskiens, canadiens, groenlandais, norvégiens, suédois, finlandais, russes ou sibériens naissant en ces lieux aux instants fatidiques.

Qui croire ?

De temps à temps fleurissent des arguments comme celui-ci : « Comment expliquez-vous alors que de grands savants se soient intéressés à ces phénomènes ? » Et de citer Marie Curie ou Paul Langevin dont l'éloignement temporel est supposé prémunir contre les arguments des sceptiques ou en tout cas rendre plus difficile la vérification.

Or voici un extrait d'un article que Bernard Langevin a consacré à son illustre grand-père.

> *La lutte contre la superstition, les spirites et les radiesthésistes fut parfois drôle. Une spirite (Eusapia Paladino, je crois) prétendait déplacer des meubles et objets (légers il est vrai) par sa seule force psychique. Assise face à vous, elle vous tenait les mains et, obscurité faite, les objets volaient. L'expérience fut faite au Collège de France avec Langevin et Hadamard. Les objets volèrent une fois, deux fois, la troisième fois les objets volèrent aussi, mais Langevin et Hadamard avaient enduit les meubles de noir de fumée et, lors du retour de la lumière, une des mains de la spirite était toute noire et de magnifiques empreintes digitales ornaient les meubles déplacés. Elle avait su dans le noir donner l'illusion que l'on tenait ses deux mains. En réalité on n'en tenait qu'une.*

La même année un radiesthésiste détectait la présence d'eau et surtout à quelle profondeur elle était. L'expérience fut faite toujours au Collège de France. Paul Langevin fit remplir l'ascenseur de bidons d'eau. L'emplacement de l'eau fut trouvé à 50 cm près, mais, hélas, Langevin avait entre-temps fait vider les bidons : la profondeur était trouvée grâce à l'écoute attentive du fonctionnement de l'ascenseur et de son arrêt[9].

Voilà des tests comme nous les aimons. Ils séparent facilement les paramètres *pertinents* de ceux qui ne le sont pas et permettent, avec des objets courants, comme du noir de fumée ou un bidon vide, de comprendre ce qui se passe. Des tests simples mais concluants.

Deux autres exemples montreront comment on peut, avec de tels moyens, juger la crédibilité d'une hypothèse. Comme Diderot le disait déjà : « Pour ébranler une hypothèse, il ne faut quelquefois que la pousser aussi loin qu'elle peut aller[10]. » C'est ce que nous allons faire.

L'effet Mars, Jupiter, Saturne & C°

Nous avons déjà vu comment un petit calcul de statistiques permettait de juger la fiabilité des données utilisées par Michel Gauquelin pour étayer sa découverte de l'*hérédité planétaire*. Nous allons maintenant aborder sa théorie d'une autre manière, et tester sa validité en la supposant *vraie*.

9. B. Langevin, « Paul Langevin : l'alliance de la pensée et de l'action », *Les Cahiers rationalistes*, n° 572, septembre-octobre 2004, p. 16-27.
10. *In Pensées sur l'interprétation de la nature.*

Le lever et la culmination de la planète Mars correspondraient à des naissances de bébés futurs sportifs de haut niveau, les mêmes positions de la planète Jupiter à des bébés futurs acteurs, journalistes ou politiciens, et celles de Saturne à des nouveau-nés futurs savants, etc. L'action de ces astres, selon Gauquelin, serait en quelque sorte de déclencher les naissances.

« En outre, l'effet planétaire n'est plus attaché à la naissance de certains hommes célèbres. Il devient une loi générale de la nature humaine. On peut le retrouver chez n'importe quel homme, n'importe qu'elle femme. »

« L'enfant hérite de l'un de ses parents la tendance à naître de préférence au lever de Mars (par exemple) comme on hérite de telle ou telle couleur de cheveux[11]... »

Nous sommes donc face à l'hypothèse d'une hérédité planétaire valable pour toute personne, homme ou femme, qui hériterait de l'un de ses parents la tendance à naître lors d'une position spécifique d'une planète déterminée.

Paul Couderc avait déjà souligné l'absurdité d'une telle théorie il y a plus de trente ans[12]. Mais il faut cent fois sur le métier remettre l'ouvrage... Suivons son exemple et tournons-nous vers la ville de Mourmansk, cité russe de près d'un demi-million d'habitants.

Nous supposons vraie l'hypothèse de l'hérédité planétaire de Michel Gauquelin et nous allons en déduire quelques conséquences.

---

11. M. Gauquelin, cité par Paul Couderc, *L'Astrologie*, PUF, « Que Sais-Je ? », 1974, p. 114. La première phrase citée date de 1966, la deuxième de 1970.

12. La conclusion de son ouvrage peut être résumée dans ce court extrait : « Une profession très lucrative exercée par une légion de charlatans aux dépens d'innombrables dupes. »

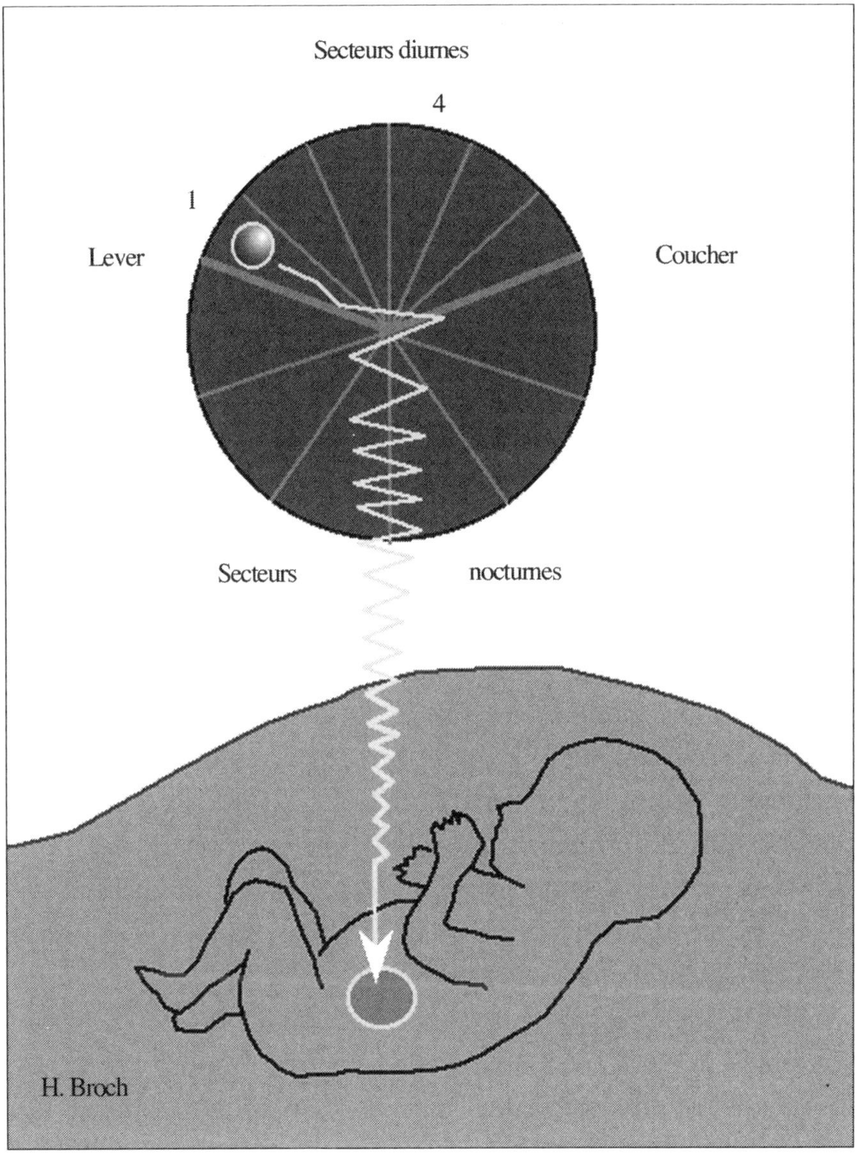

Sur le dessin, nous voyons un bébé qui attend sagement dans le ventre de sa mère de la part de *sa* planète le signal de déclenchement de l'accouchement. L'exemple reproduit sur le dessin est celui de la planète en secteur 1, c'est-à-dire à son lever (les secteurs clefs, déclencheurs d'accouchement, sont les secteurs 1 et 4).

Si nous observons les trajectoires des planètes au voisinage du solstice d'hiver, nous nous rendons compte que ces dernières deviennent un peu paresseuses, il leur est difficile de se lever, c'est-à-dire d'être en secteur 1, ou, *a fortiori*, en secteur 4. C'est ainsi que Mars va demeurer environ trois mois sous l'horizon. Ce n'est pas vraiment dramatique pour la théorie de Michel Gauquelin, mais on devrait tout de même observer un trou d'un trimestre dans la répartition des dates de naissance de sportifs de haut niveau de cette ville. Peut-être devrait-on faire le recensement de ces naissances afin de le confirmer ou de l'infirmer ? On pourrait le faire, mais ce n'est ni utile ni nécessaire.

En effet, après l'effet Mars, l'effet Jupiter oblige les bébés futurs acteurs, journalistes ou politiques à attendre le passage au-dessus de l'horizon de cette planète en route vers le secteur déclencheur 1 ou le secteur déclencheur 4. Mais voilà, par exemple en fin d'année 1995, que la paresseuse planète Jupiter disparaît sous l'horizon pour près de 16 mois. Il n'y aura donc pas de naissance d'acteur, ni de journaliste, ni de politique pendant tout ce laps de temps ? Les fœtus devront attendre tout ce temps dans le ventre de leur mère ?

Et que dire du supplice que le taciturne Saturne, déclencheur de la naissance des savants, impose au docte fœtus qui, ayant « hérité de l'un de ses parents la tendance à naître de préférence au lever de cette planète », va devoir de même attendre 55 mois, soit plus de 4,5 années, dans le ventre de sa douce mère[13] !

13. Nous osons à peine imaginer tous les problèmes médicaux des grossesses des futures parturientes lorsqu'Uranus à son tour plonge sous l'horizon pour treize années !

De telles grossesses interminables ne doivent pas passer inaperçues.

Elles permettent de conclure que la théorie de l'hérédité planétaire de monsieur Gauquelin porte *en elle-même* sa propre contradiction, elle se réfute d'elle-même.

Il n'y a donc pas plus d'effet Mars que d'effet Jupiter, Saturne & C°.

La preuve par deux tombe

Il y a quelques années est paru un ouvrage[14] prétendant apporter enfin la preuve de la validité de l'astrologie. Nombreux sont ceux qui, sur la foi des titres de l'auteur – « docteur d'État ès Sciences, biologiste, directeur de recherche honoraire au CNRS [...] explore le domaine de l'astrologie depuis 25 ans [...] auteur de plus de 150 publications scientifiques » – et de la force apparente des résultats[15], l'ont pensé absolument crédible. Et beaucoup de médias s'en sont faits l'écho.

La fameuse preuve consiste en une étude menée sur 238 paires de jumeaux (135 paires obtenues par une association et 103 paires « par relations personnelles ») de la manière suivante :

- Premier contact par courrier aux familles ou à l'un des jumeaux pour obtenir les dates, heures et lieux de naissance de ceux-ci.

---

14. S. Fuzeau-Braesch, *Astrologie : la preuve par deux*, Robert Laffont, 1992.

15. Pour une information globale sur cette étude des jumeaux, *cf.* la revue *Science et pseudo-sciences* n° 206, novembre-décembre 1993, p. 16-25 ainsi que *Science & Vie* n° 916, janvier 1994, p. 62-63 et p. 64-65. Et pour une information détaillée, *cf.* la série de trois articles dans *Les Cahiers zététiques*, n° 9, octobre 1997, p. 3-10 ; p. 12-23 et p. 25-27.

– Calcul des cartes du ciel de naissance (un petit logiciel disponible dans le commerce les établit directement et les imprime).
– Rédaction d'un très court énoncé (de 2 à 10 mots) donnant une ou plusieurs caractéristiques psychologiques importantes tirées du thème astral de chaque jumeau.
– Deuxième courrier consistant en une feuille sur laquelle sont portés les deux courts énoncés sur les deux jumeaux ; le correspondant doit noter « le prénom du jumeau qui correspond le mieux aux caractéristiques de chaque texte ».

Les résultats sur les 238 paires de jumeaux testées sont les suivants :

– « une majorité de réponses justes » : 153,
– « une minorité de familles, soit 65, inverse les caractéristiques... »,
– « familles qui répondent "nulles", c'est-à-dire qui expriment l'impossibilité de reconnaître la différence proposée entre les jumeaux » : 20 sur 238.

Soit 153 réponses justes sur 238 : c'est véritablement époustouflant !

Dans l'avertissement en début d'ouvrage, l'auteur écrit : « Quitte à paraître pour certains un peu fastidieux ou encyclopédique, *j'ai fait le choix de la précision et du détail...* » (je souligne).

Essayons donc pour notre part de n'être ni fastidieux ni encyclopédique et, tout en restant simple, prenons l'auteur au mot.

Dans la liste des 476 jumeaux jointe en annexe de l'ouvrage, les naissances sont toutes données à la minute près. Par exemple :

– Félix 9 déc. 1983, 6 h 46 et Corentin 9 déc. 1983, 7 h 00,
– Vincent 21 mai 1985, 15 h 16 et Bruno 21 mai 1985, 15 h 18,
– Alexandra 28 oct. 1980, 20 h 40 et Bénédicte 28 oct. 1980, 23 h 15,
– Jérémy 24 sept. 1982, 9 h 22 et Mélanie 24 sept. 1982, 9 h 23.

Pour simplifier, laissons tomber l'année, laissons aussi tomber le mois, laissons encore tomber le jour, laissons même également tomber l'heure. Que nous reste-t-il ? Les seules minutes, bien sûr.

Pas grand-chose ? Eh bien, c'est ce que nous allons voir en nous intéressant effectivement aux *seules* minutes de naissance.

Reportons, pour chacune des heures de naissance des 476 jumeaux étudiés, la minute de naissance (indépendam-

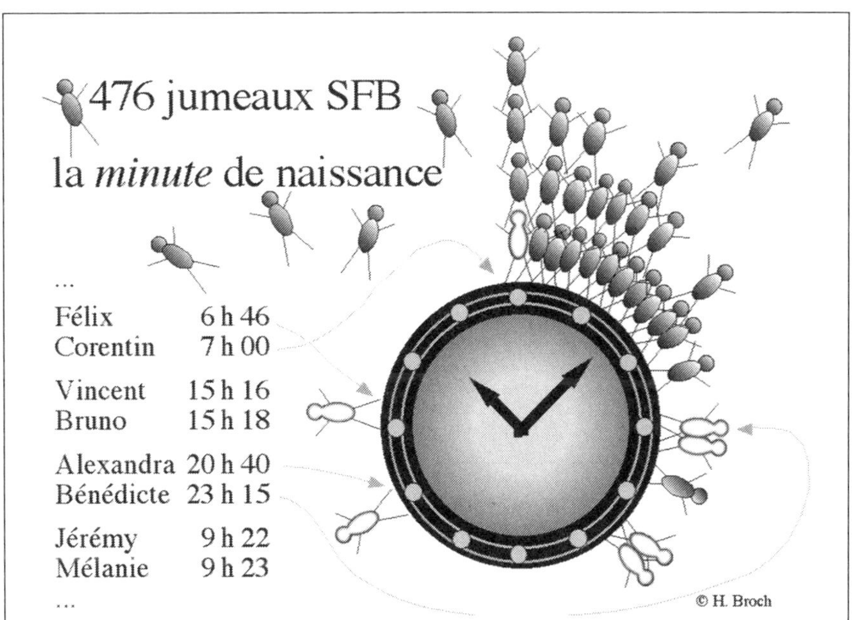

ment donc de l'année, du mois, du jour et de l'heure) sur le bord d'une montre, à l'endroit précis de cette minute. Ainsi, dans l'exemple précédent, nous ne prenons en compte, dans les données horaires de naissance, que les valeurs 46, 0, 16, 18, 40, 15, 22 et 23, et nous positionnons un jumeau à chacune de ces valeurs sur la montre.

Félix, Corentin, Vincent, Bruno... et les autres trouvent tous leur place sur l'une ou l'autre des 60 minutes de la montre. Comme il y a 476 jumeaux à répartir sur les 60 minutes d'un tour de montre, cela signifie que nous aurons une moyenne de 476/60, soit environ 8 jumeaux par minute.

Voici pourtant ce que donnent les valeurs de madame Suzel Fuzeau-Braesch :

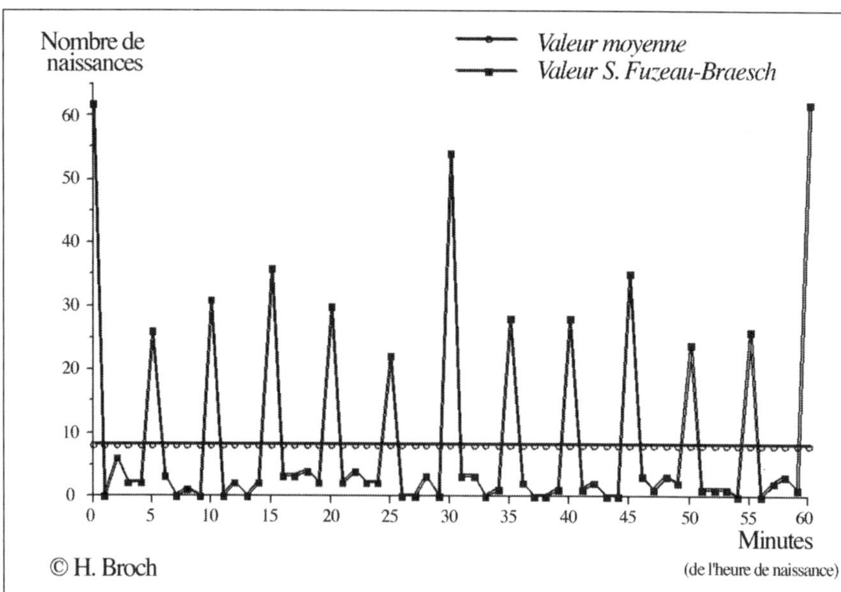

Distribution des minutes de naissance des 476 jumeaux utilisées par S. Fuzeau-Braesch dans son étude astrologique.

Cela n'a absolument rien à voir avec un résultat normal. Comme tout un chacun peut le voir, sans être féru de statistiques, la distribution des naissances sur les 60 minutes d'horloge n'est *pas du tout aléatoire*, c'est un véritable peigne avec des naissances toutes les 5 minutes avec des pics intermédiaires tous les quarts d'heure et de grands pics principaux toutes les demi-heures.

La probabilité pour que cette distribution soit le fruit du hasard est si infiniment petite que l'on peut affirmer sans risque de se tromper que ces données « ne sont pas scientifiquement saines ».

Un petit calcul montre que, en supposant une telle expérience sur 476 jumeaux faite toutes les secondes, l'âge de l'Univers ne suffirait pas pour que la seule valeur obtenue pour la minute « zéro » ait quelques toutes petites chances d'apparaître !

Il n'y a que trois explications possibles d'un tel graphe aussi peu probable :

- soit les données ont été trafiquées pour on ne sait quelles raisons ;
- soit l'auteur ne les a pas vérifiées, les médecins, sages-femmes, accoucheurs et déclarants divers ou parents ayant systématiquement arrondi les naissances aux cinq minutes, quarts d'heure et demi-heures ;
- soit tous les fœtus portent une montre étanche au poignet, savent parfaitement lire l'heure, les ont parfaitement synchronisées entre elles et avec une horloge universelle, et ont décidé de ne naître qu'aux heures ou demi-heures, et dans une moindre mesure aux autres multiples de 5 minutes.

Comme nous accordons volontiers le bénéfice du doute et ne croyons plus aux contes de fées, nous optons pour la seconde explication. En d'autres termes, les données horaires prétendument exactes à la *minute* près ont une incertitude qui atteint la *demi-heure* !

Or cette erreur sur la minute de naissance correspond à une erreur de 7,5° dans la position sur la carte du ciel, soit, à la latitude de Nice, l'équivalent d'une erreur d'un peu plus de 600 km sur la longitude du lieu de naissance. L'auteur ne distingue donc pas l'horoscope de quelqu'un qui est né à Nice de quelqu'un né, au même instant, à Florence ou dans une île croate, à Tarbes ou encore à Pau.

On ne peut que s'en étonner de la part d'un auteur qui prétend avoir fait « le choix de la précision et du détail ».

Suzel Fuzeau-Braesch présente les monographies de 10 paires de jumeaux choisies par elle parmi les 238. Prenons le premier de ces 10 cas, celui de deux jumelles prénommées Florence et Carole, et examinons-le. Voici le texte :

« Vraies jumelles, Florence (1) et Carole (2).

Accouchement naturel.

Textes proposés :

(1) plus décidée et expansive.

(2) plus réaliste et moins expansive.

Réponse juste. »

Suivent les deux cartes du ciel, superposées, qui présentent les dates et coordonnées de naissance[16] :

« 10 novembre 1965, 16 h 15 et 16 h 30

Longitude 7° 14' Est, Latitude 43° 27' Nord. »

16. Le thème astral de chaque jumelle est à peu près bien établi, les ascendants, milieux de ciel et planètes correctement positionnés, sans tenir compte bien sûr du fait que madame Fuzeau-Braesch le fait sur un zodiaque tropique, c'est-à-dire *faux*, et dans des Maisons à durée de séjour identique, c'est-à-dire *fausses*. On en conclura que le programme utilisé positionne les divers éléments célestes correctement pour les date, heure et lieu indiqués.

Le choix de la précision se manifeste naturellement dans les coordonnées géographiques de naissance des jumeaux données à la minute d'angle près. Regardons à quoi cela correspond.

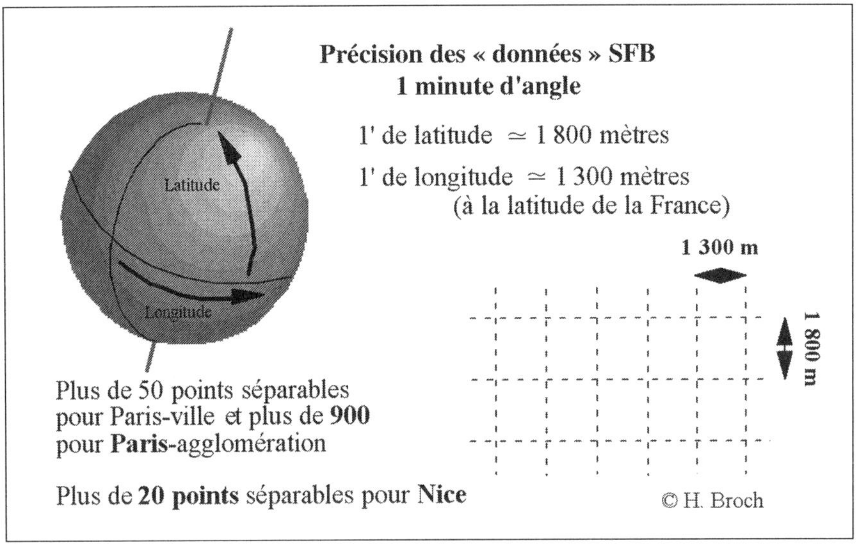

Une minute d'angle correspond à une valeur différente suivant que l'on considère une minute en latitude ou une minute en longitude (pour la latitude, cela est indépendant de la position et il suffit de diviser la circonférence de la Terre par 21 600, c'est-à-dire le nombre de minutes dans 360° ; pour la longitude cela dépend de la latitude de l'endroit de la Terre où l'on est positionné. Le schéma donne la valeur moyenne pour la France).

Donner la position géographique avec une précision de 1 minute d'angle revient à quadriller la Terre avec un maillage d'environ 1 800 m de haut suivant l'axe nord-sud et 1 300 m de large suivant l'axe est-ouest, à la latitude de la France. Cette précision doit permettre de distinguer plus de 900 points de naissance différents au niveau de Paris et pas moins de 20 dans la seule commune de Nice que madame

Fuzeau-Braesch attribue comme lieu de naissance à Florence et Carole avec les coordonnées géographiques 7° 14′ E et 43° 27′ N. De quoi quasiment distinguer la plupart des maternités niçoises.

Positionnons précisément sur une carte d'état-major le point de naissance des jumelles Florence et Carole donné par l'auteur. Dans quelle maternité niçoise Florence et Carole ont-elles vu le jour ? On fait alors la découverte stupéfiante que ces jumelles doivent être en réalité des *bébés... dauphins* puisqu'elles sont nées plus de 25 km au large des côtes niçoises !

Incroyable mais vrai, soit nous avons affaire à des mammifères marins, soit l'auteur, qui revendique rigueur et précision, a commis une erreur de positionnement *14 fois plus grande* que l'incertitude qu'elle revendique sur ses données ! Nous avons bien envisagé l'hypothèse d'une femme qui aurait accouché sur un bateau à ce point précis en mer, mais elle n'est pas recevable. En effet, deux autres paires de jumeaux – Jérémy et Jessica, Julien et Arnaud – sont nées, selon l'auteur, en ce même point, strictement même point. Et ce, à vingt ans et vingt-trois ans d'écart avec Florence et Carole ! La seule possibilité qui resterait est donc l'existence d'une base secrète sous-marine fixe en ce point.

Notons qu'il ne peut absolument pas s'agir ici d'une coquille ou d'une erreur typographique sur les longitude et latitude données puisque la carte du ciel correspond précisément à ce point. Mais alors le thème astral est faux.

La précision n'est décidément pas le point fort de madame Fuzeau-Braesch. Alors qu'elle distingue précisément 900 points différents de naissance sur Paris, ses jumeaux parisiens sont curieusement *tous* nés dans le XIVe arrondissement !

Notre biologiste-astrologue[17] s'est sans doute servie aveuglément d'un programme astrologique préprogrammé. Nous n'avons pas trouvé d'autre explication jusqu'à présent.

Les enfants étant obligatoirement déclarés dans la commune où ils sont nés, nous avons consulté les services de l'état civil de la ville de Nice pour savoir s'il existait dans leurs archives une trace des trois paires de jumeaux aquatiques niçois.

— Jérémy et Jessica X, nés en juillet 1988, ont été retrouvés. Conclusion : ces jumeaux sont bien nés sur terre à Nice et non en pleine mer. Re-conclusion induite : madame Fuzeau-Braesch s'est trompée sur leur lieu de naissance et leur a fait ainsi des cartes du ciel fausses.

— Julien et Arnaud Y, nés en novembre 1985 : retrouvés également ; lieu et cartes du ciel inappropriés.

— Pour Florence et Carole, les jumelles emblématiques des travaux astrologiques de madame Fuzeau-Braesch[18], le cas est encore plus surprenant : ces jumelles *n'existent pas* ! À la date pour laquelle le thème astral présenté dans l'ouvrage a été calculé, il n'y a pas de jumelles Florence et

17. Madame Fuzeau-Braesch est également l'auteur d'un « Que Sais-Je ? » sur *L'Astrologie* publié en 1989 et qui a connu deux autres éditions en 1992 et 1995. Sur le peu de pages techniques existantes, elle commet une kyrielle de bévues sur les bases élémentaires concernant la sphère céleste : définition fausse du zodiaque, confusion entre zodiaque sidéral et zodiaque tropique, confusion entre degrés et jours, confusion sur le point gamma et les constellations associées, temps de transfert des planètes dans le zodiaque faux, définition de l'heure sidérale fausse, traversée de tous les signes par le Soleil en 24 heures, etc. Ce « Que Sais-je ? » a été remplacé en 2005.

18. C'est le *premier* cas que l'auteur astrologophile présente. Leur photographie est en tête du cahier photo interne et illustre de plus le large bandeau publicitaire de couverture proclamant : « L'astrologie : une science. L'étude des jumeaux par une scientifique le prouve aujourd'hui. »

Carole à Nice. Il n'y a même pas de jumeaux ou jumelles, quels que soient leurs prénoms, nés à Nice ce jour-là. Ni les quelques jours précédents ou suivants. Les services de l'état civil de la mairie de Nice ont même poussé la recherche de ces jumelles Carole et Florence nées début novembre sur une très large période de temps : sans succès[19].

Des bébés dauphins, qui plus est évanescents[20], et des équivalents de lieux d'horoscope décalés de plusieurs centaines de kilomètres, voilà qui vient faire la preuve par deux de l'inanité de cette « preuve » pour l'astrologie.

Pour ne pas conclure sur une note négative, nous insérons une courte citation de l'ouvrage en question. Madame Fuzeau-Braesch, parlant d'articles critiques sur l'astrologie parus dans la revue *Ciel et Espace*, écrit : « Le troisième et dernier article, "L'astrologue ou comment avoir toujours raison" (G. Newstein), est consacré essentiellement aux difficultés... »

Par Jupiter ou par Saturne, comment a-t-elle fait pour garder son sérieux ?

Le nom du signataire de l'article – *Galipernic Newstein* – prouvait que les grands esprits savent se mettre en quatre pour les besoins de la cause[21] !

---

19. Ils nous en ont informé par lettre du 10 avril 1992. Nous ne pouvons pas imaginer qu'une adepte d'une « astrologie scientifique » puisse se permettre de transférer des naissances d'une commune à une autre et ainsi, sans raison aucune ni jamais le signaler, modifier les données soi-disant si précises de son étude. Nous ne doutons évidemment pas de l'existence de Florence et Carole en tant qu'êtres humains, bien sûr, même en tant que probables « PACAistes ».
20. Laurent Puech (*cf.* son excellent ouvrage *Astrologie. Derrière les mots*, Book-e-book, 2003) a poursuivi notre enquête initiale et trouvé d'autres jumeaux évanescents dans les données d'*Astrologie, la preuve par deux, op. cit.*
21. On aura reconnu Galilée, Copernic, Newton et Einstein, les quatre plus grands noms de la physique céleste à l'époque moderne et contemporaine.

Chapitre 5

MYSTIQUE OU MYSTIFIÉ ?

Une sainte hémoglobine

Dans un documentaire sur la ville de Naples de l'émission *Des racines et des ailes* diffusé en juillet 2003, une longue séquence était consacrée à saint Janvier, le saint local le plus célèbre, notamment au miracle trisannuel qui lui est attribué : la liquéfaction de son sang, séché, vieux de nombreux siècles. San Gennaro (Gennaio) aurait été décapité en 305, mais on fait remonter le miracle au XIVe siècle. En conclusion, la voix *off* affirmait « qu'aucun scientifique n'a jusqu'à présent réussi à expliquer ce phénomène ».

Pourtant, plusieurs hypothèses scientifiques ont déjà été émises concernant le miracle de la liquéfaction du sang de saint Janvier, l'une d'entre elles, connue depuis fort longtemps, possédant toutes les caractéristiques demandées. La recette chimique d'un fluide passant de l'état solide à l'état liquide en fonction de la température ambiante se trouve en effet dans le *Larousse* du XIXe siècle[1].

Avec l'aide de collègues chimistes, nous nous sommes de nombreuses fois amusés à refaire cette recette (et d'autres) et fabriquer ainsi le type d'ampoule miraculeuse qui fait tant disserter certains parapsychologues[2]. Les explications données alors sont *toujours* valables, rien n'est venu les remettre en question en quoi que ce soit !

La recette est très simple : orcanette + spermaceti + éther sulfurique[3]. Elle permet à tout un chacun de reproduire sans difficulté le miracle de la liquéfaction du sang napolitain dans sa cuisine familiale.

On broie quelques racines d'orcanette séchées connues depuis l'Antiquité pour leur superbe colorant sanguin, on fait passer sur ces racines un peu d'éther sulfurique – le vitriol doux découvert par Raymondus Lullus au XIIIe siècle – et l'on mélange le colorant obtenu avec le spermaceti, le classique « blanc de baleine » ou « huile de cachalot », préalablement chauffé pour qu'il devienne liquide. On touille

1. Et dans E. Salverte, *Des sciences occultes ou Essai sur la magie, les prodiges et les miracles* qui date de 1829 ! Pour plus d'informations, *cf.* H. Broch, *Le Paranormal*, *op. cit.*, p. 107-111 et *Au cœur de l'extra-ordinaire*, *op. cit.*, p. 310-314, en particulier pour l'hypothèse – inadéquate – d'une substance thixotropique. On trouvera un complément d'informations également sur le site web : www.unice.fr/zetetique/banque_images.html. Deux analyses spectroscopiques, dont une du début du siècle dernier, auraient été faites sur l'ampoule mais avec des résultats non fiables car les conditions d'expérimentation étaient fort mal contrôlées.

2. La parapsychologie n'hésite pas à investir le champ religieux des miracles. Le professeur Hans Bender présenté comme « le plus éminent spécialiste mondial en parapsychologie » s'était ainsi illustré avec une hypothèse de « champ affectif » et « d'analogie avec le poltergeist » pour expliquer le miracle du sang de saint Janvier.

3. L'orcanette (*Alkanna tinctoria*) et le spermaceti (« blanc de baleine », « huile de cachalot ») se trouvent dans les pharmacies. S'ils ne sont pas disponibles immédiatement, on peut les commander très facilement.

bien. Voilà, le tour est joué ; on a obtenu un mélange qui passe de l'état solide à l'état liquide en fonction de la température ambiante et du pourcentage des ingrédients : solide vers 10 °C et liquide vers 20 °C. Chimiquement, il s'agit tout simplement de la fusion, facilitée par la présence de l'éther, d'un corps gras quand sa température augmente et de la solidification du même corps gras quand sa température baisse.

Attention ! Cette recette, comme d'autres qui ont pu être proposées, ne prouve évidemment pas que l'ampoule miraculeuse de Naples contient l'un de ces mélanges. Elle prouve au moins qu'il n'est pas nécessaire de faire appel à une hypothèse surnaturelle puisqu'une hypothèse tout à fait naturelle permet, dans les mêmes conditions, de rendre compte de toutes les caractéristiques du phénomène. L'hypothèse surnaturelle est donc, jusqu'à plus ample informé, superflue ; ce qui ne veut pas dire qu'elle est fausse.

La charge de la preuve appartient bien sûr au clergé de Naples qui utilise chaque année cette ampoule miraculeuse ; il lui revient de montrer que ce qui y est contenu est bien du sang, et uniquement du sang. Nous proposons volontiers de contribuer à l'analyse du contenu de la fiole. Une analyse spectroscopique dans un laboratoire scientifique vraiment spécialisé dans ce type d'études permettrait d'en connaître, sans l'ouvrir, le contenu.

Tournons maintenant nos regards vers un linge censé porter également des traces de sang et surtout celles d'un visage énigmatique.

Recette d'un suaire

Le saint suaire de Turin est un tissu de lin d'environ 1,10 m sur 4,30 m qui, selon la tradition, aurait été le linceul du Christ après sa crucifixion. Phénomène miraculeux, deux empreintes, ventrale et dorsale, du personnage divin s'y seraient imprimées.

Ce suaire a fait sa première apparition vers l'an 1357 dans l'église collégiale de Lirey, près de Troyes. Des expositions y furent organisées drainant des foules de pèlerins ; elles furent suspendues pendant une trentaine d'années puis reprirent. Après quelques péripéties, le linge se retrouva en possession de la maison de Savoie qui l'installa dans une chapelle de Chambéry où il échappa de peu en 1532 à un incendie : il fut partiellement brûlé et troué par l'argent fondu du reliquaire et sauvé par arrosage. À la fin du XVIe siècle, il fut transféré dans la cathédrale de la ville de Turin où il est conservé depuis.

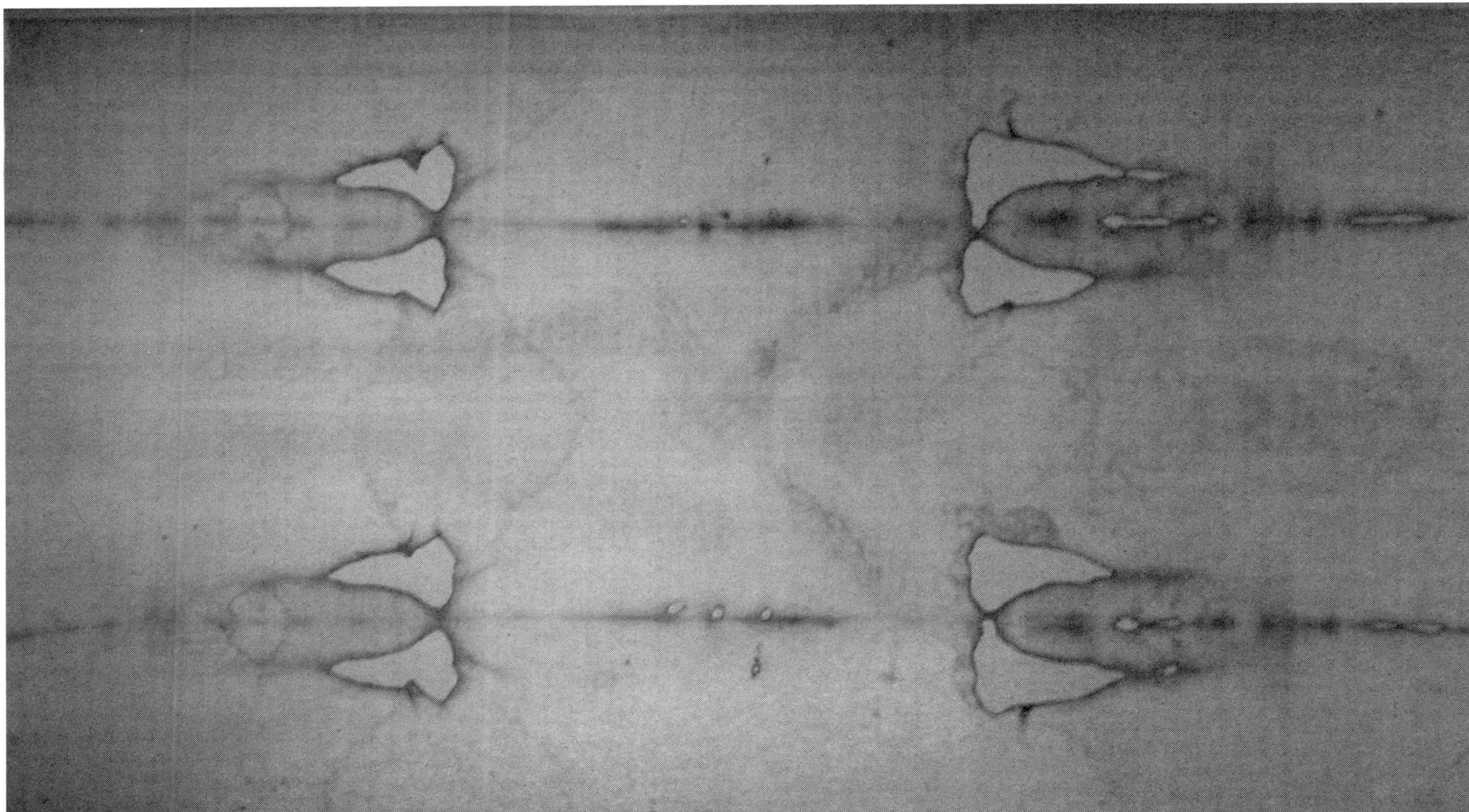

Photo : H. Broch.

Au début de l'été 2005, plusieurs médias se sont faits l'écho d'une expérience menée par Paul-Éric Blanrue et Patrick Berger à propos de ce fameux tissu. *Le Monde* du 24 juin titrait, dans sa rubrique « Sciences », « La recette du suaire de Turin livrée par les "zététiciens" ». Un article d'Hervé Morin décrivait la « cérémonie iconoclaste » qui s'était déroulée trois jours plus tôt au Muséum national d'histoire naturelle et au cours de laquelle le secret de fabrication d'un suaire identique à celui de Turin était explicité :

> *Une recette à la portée « d'une ménagère de moins de 50 ans », mais aussi « d'un faussaire du Moyen Âge ». Prenez un bas-relief en plâtre, que vous recouvrez d'une étoffe de lin humide pour épouser les contours du visage. Tamponnez le tout avec un mélange d'oxyde ferrique et de gélatine, des produits connus des peintres médiévaux – et dont la trace a été retrouvée sur le suaire. Ajoutez quelques coulures vermillon pour figurer le sang. Laissez sécher. Déployez. Faites adorer.*

Cette recette de fabrication fort simple est, bien que fort peu médiatisée jusqu'à cette date, connue depuis longtemps, puisqu'on la doit, semble-t-il, à un chercheur du début du XXe siècle. C'est en effet à cette époque que l'expérience de réalisation d'un suaire sur un bas-relief de pierre ou de bois paraît avoir été faite pour la première fois[4].

Nous avons nous-même détaillé et démontré concrètement la possibilité de fabriquer des suaires avec cette technique. On savait depuis longtemps que le suaire de Turin

4. *Cf.* RR. dom F. Cabrol, dom H. Leclercq, *Dictionnaire d'archéologie chrétienne et de liturgie*, Letouzey et Ané, 1950. Signalons également un ouvrage qui fait le tour de la question : *Le secret du Suaire. Autopsie d'une escroquerie*, P.-E. Blanrue, Pygmalion, 2006.

datait du XIVe siècle, datation confirmée ensuite par le carbone 14[5].

Toutefois, monseigneur Jean-Charles Thomas, évêque de Versailles, avait publié un ouvrage entièrement consacré au suaire de Turin, dont le titre était explicite : *C'est le Seigneur*[6]. Il y soutenait notamment qu'aucune trace de pigments ni de produits teintés n'avait été trouvée, que personne ne pouvait « reproduire », au sens de « refaire », cette empreinte, enfin que personne ne pouvait expliquer la tridimensionnalité.

Chacune de ces assertions est controuvée. À la suite des analyses de Walter McCrone, les pigments utilisés étaient connus explicitement depuis quelques années[7]. Il n'y avait depuis longtemps plus de discussion sur ce thème puisque non seulement la présence de pigments d'artistes avait été attestée, mais en plus leur *distribution* montrait clairement l'origine artificielle de l'image. En effet, sur le suaire, on

5. La datation au C14 du suaire a été faite en 1988 par trois laboratoires que choisit le Vatican : Université d'Oxford, Université de Tucson, Institut fédéral de technologie de Zurich. Les résultats publiés dans la revue *Nature* (vol. 337, 16 février 1989, p. 611-615) ont donné une date « comprise entre 1260 et 1390 de notre ère ». Cette datation – XIVe siècle – est toujours, contrairement à ce qui est allégué quelquefois, celle sur laquelle les spécialistes du C14 s'accordent. Pour plus d'informations, *cf.* H. Broch, « Le "suaire de Turin" a-t-il été bien daté ? Carbone 14, contamination et rajeunissement du saint suaire de Turin », http://www.unice.fr/zetetique/articles/HB_suaire_C14.html avril 2005.

6. J.-C. Thomas, *C'est le Seigneur*, Éditions de l'Œil, 1985.

7. Walter McCrone était le microanalyste, dont la compétence était reconnue dans le monde entier, qui avait reçu aux fins d'analyses la quasi-totalité des échantillons de surface prélevés directement sur le suaire durant les tests autorisés de 1978. Ses analyses ont été publiées dans W. McCrone et C. Skirius, « Light microscopical study of the Turin "Shroud". I », *Microscope*, 28, 1980, 105 ; W. McCrone, « Light microscopical study of the Turin "Shroud". II », *ibid.*, 28, 1980, 115 ; W. McCrone, « Light microscopical study of the Turin "Shroud". III », *ibid.*, 29, 1981, 19. Il a également publié un excellent et superbe ouvrage sur l'ensemble de la question : W. McCrone, *Judgement Day for the Turin Shroud*, Microscope Publications, 1997.

trouvait des pigments exclusivement dans les zones imprimées, pas dans les zones sans image.

Pour contrer les résultats de McCrone, on a invoqué une contamination, une pollution par des pigments d'artistes lors de contacts fortuits du suaire avec des objets de peintres ou lors de son exposition dans un atelier. Toutefois la coïncidence serait époustouflante : là où il y a l'image, on retrouve des pigments d'artistes et là où il n'y a pas d'image, on n'en retrouverait pas. Cela tient du miracle, autant dire que la main de Dieu est intervenue dans les courants d'air pour guider ces pigments subtils et les forcer à n'imprégner que les zones à images.

Henri Broch et un suaire de sa fabrication (parmi de nombreux autres !) qui possède toutes les caractéristiques du saint suaire de Turin.

© Photo : Franceschi Agence Vu, Marseille.

En second lieu, la reproduction d'un suaire ne pose aucun problème. La méthode, qui rend compte de toutes les caractéristiques du suaire de Turin, est on ne peut plus simple. Nombre de mes étudiants en ont réalisé de toutes sortes : frottis (tamponnage) d'un linge sec placé sur un bas-relief avec un pigment ocre rouge lié par de la gélatine, de la colle de peau ou de la colle d'os[8].

Enfin la tridimensionnalité s'explique au contraire fort bien et très facilement, elle *confirme* d'ailleurs le mode de fabrication du suaire. Nous allons détailler dans une section spécifique cet effet 3D car il a été beaucoup trop souvent présenté de manière abusive comme la preuve, à l'aide d'un matériel électronique impressionnant, du contenu tridimensionnel d'un corps humain dans l'image du suaire. Ceux qui s'intéressent de près au suaire savent depuis longtemps que cette fameuse « preuve 3D d'un corps humain » relève en fait d'une grave faute de logique scientifique confinant à l'escroquerie intellectuelle comme nous le verrons plus loin.

Rappelons simplement ici les conclusions générales établies sur les recherches concernant la méthode de fabrication du suaire de Turin[9] :

- le suaire a été créé par un artiste, probablement suivant une méthode très simple d'empreinte ou de frottis, qui permet de reproduire toutes les caractéristiques de l'image observée ;
- cet artiste semble s'être servi d'un support (poudre ou détrempe) pour pouvoir utiliser, entre autres, des pigments d'oxyde de fer et du sulfure de mercure, produits dont la présence a été démontrée et dont la

8. Nous renvoyons les lecteurs au petit extrait vidéo disponible sur le site Internet du laboratoire de zététique de l'université de Nice-Sophia Antipolis qui montre la fabrication d'un suaire filmée en direct en octobre 1998 au laboratoire par une équipe de télévision canadienne (http://www.unice.fr/zetetique/banque_images.html). Une équipe de télévision allemande est également venue fin 2005 filmer une fabrication de suaire au laboratoire (diffusion prévue en 2006 sur ZDF et Arte).

9. *Cf.* H. Broch, *Le Paranormal*, *op. cit.*, chapitre consacré au suaire de Turin, p. 43-72.

distribution montre clairement l'origine artificielle de l'image ;

– les matériaux utilisés à l'origine, et dont les traces ont été retrouvées, se sont bien sûr, en grande partie, évaporés ou ont été enlevés par aspersion d'eau, ostensions diverses, etc. L'image d'origine a été en grande partie détruite et l'image actuelle, très faible, résulte principalement de la dégradation et de la décoloration des fibres de cellulose déshydratées et, pour une faible part, des pigments qui y demeurent.

Le suaire de Turin

Réponse a donc déjà été donnée depuis longtemps aux tenants de l'authenticité et, cela, bien avant les datations au C14 qui ont simplement confirmé ce qu'une analyse historique rigoureuse avait déjà conclu : cette image date du XIVe siècle.

Les travaux du chanoine Ulysse Chevalier publiés à la fin du XIXe et au début du XXe siècle font toujours autorité et nous paraissent avoir conclu historiquement de manière indiscutable. D'autres recherches historiques[10] ont depuis confirmé cette origine médiévale et pourtant tous ces travaux sont ignorés de la plupart des sindonophiles (de *sindon*, suaire) qui tentent de convaincre par effet boule de neige.

10. Pour un travail captivant qui a fait le tour de la question historique, *cf.* P.-É. Blanrue, *Miracle ou Imposture ? L'histoire interdite du « suaire de Turin »*, EPO (Bruxelles) et Golias (Villeurbanne), 1999. L'auteur y donne même le nom du doyen à l'instigation duquel le linge fut certainement fabriqué : Robert de Caillac, doyen de la collégiale de Lirey de 1353 à 1358.

Le préambule de la plaquette du chanoine Ulysse Chevalier[11], intitulé « Encore le saint suaire de Turin », écrit au tout début du siècle dernier par l'abbé J.-B. Martin, professeur d'archéologie, nous montre que les discussions passionnées ne sont pas l'apanage des tenants de l'authenticité de notre époque. Il rappelait fort justement que « ce ne sont pas les discussions, mais les *faits* qui peuvent faire avancer une semblable question ». La discussion, si discussion il y avait, devait se tenir essentiellement entre spécialistes. Il précisait également que jamais, de mémoire d'homme, une question d'ordre scientifique n'avait autant passionné la presse, le nombre d'articles sur le sujet se comptant par milliers. Mais il soulignait aussi que le contenu de ces articles ne donnait « pas une haute idée du pouvoir de la presse pour instruire le public et faire avancer la science ».

Un siècle plus tard, la « lecture » de ce qui se voit, se dit ou s'écrit dans les médias sur le suaire conduit au même constat. Et ce que le professeur Martin rappelait en 1902, à savoir que fort rares étaient les articles de presse qui parlaient des travaux historiques d'Ulysse Chevalier, demeure encore d'actualité. Et pourtant, les travaux de cet historien avaient été soutenus par de nombreux spécialistes[12], l'appui le plus fort étant peut-être celui de Léopold Delisle, membre de l'Académie des inscriptions et savant reconnu « comme un des maîtres de la science et de l'érudition en Europe ».

Ce que le texte du professeur Martin mettait en évidence il y a déjà plus d'un siècle, c'est que les articles sur le saint suaire de Turin ne cherchaient pas à donner une infor-

11. U. Chevalier, *Le Saint Suaire de Turin. Histoire d'une relique*, Éditions A. Picard, 1902.

12. Il était difficile « de citer un historien sérieux qui n'ait adhéré aux conclusions du savant chanoine » (J.-B. Martin).

mation objective sur la question, mais, au contraire, à défendre la thèse de l'authenticité, alors que les historiens les plus éminents soutenaient celle de l'origine médiévale du suaire établie par Ulysse Chevalier. C'est ainsi que Godefroid Kurth[13], professeur à l'Université de Liège, écrivait à ce dernier : « Je vous félicite [...], je me range sous votre bannière, ayant moi-même à soutenir ici des combats non moins pénibles contre les zélateurs qui croient défendre la religion en la compromettant. »

L'abbé Martin ajoutait plus loin dans son préambule :

> *Il est un peu étrange que les tenants de l'authenticité s'accommodent d'hypothèses qui n'ont pas été vérifiées et veulent les faire tenir pour prouvées. [...] Le pieux désir de posséder l'image authentique du Christ est certes légitime [...] mais il ne doit pas faire perdre ses droits à la froide raison, qui apprécie les choses, non comme l'imagination ou la piété les désirent, mais comme elles sont.*

Nihil novi sub sole. Hommage soit ainsi rendu par ces quelques lignes à l'abbé J.-B. Martin et au chanoine Ulysse Chevalier.

On peut lire ou entendre que l'image du suaire était invisible jusqu'à la fin du XIXe siècle, jusqu'à la photographie faite par S. Pia en 1898. Hormis le visage n'étaient visibles sur le linge que des « taches informes » dont personne ne pouvait comprendre la signification.

Les sœurs clarisses qui ont effectué les raccommodages sur le suaire, suite aux dommages causés par l'incendie qu'il eut à subir en 1532 dans sa chapelle à Chambéry, lais-

13. « Un des historiens qui font le plus honneur à l'Église » (J.-B. Martin).

sent penser tout le contraire. Voici des extraits de leur texte[14] qui date de 1534, c'est-à-dire plus de trois siècles et demi *avant* la fameuse photographie qui devait, selon les sindonologues, révéler au monde la splendeur du corps du supplicié jusqu'alors caché à la misérable vision humaine (je conserve la langue de l'époque) :

> *Le quinsieme d'avril de l'année mille cinq cent trante quatre, le Serenissime duc de Savoye, et monseigneur le Legat, nous envoyerent […] messire Vesperis, thrésorier de la Sainte-Chapelle, […] pour nous avertir de nous tenir prettes à recevoir le très Saint Suaire […] pour le racommoder aux endroits où le feû l'avoit brulé.*
>
> *[…] Le brodeur apporta le bois du toillier pour serrer la toile d'Holande sur laquelle on devoit mettre le Saint Suaire ; aprais les deux heures que la toile fut arreté sur le toillier et sur les trefour, nous l'etandimes sur le précieux Saint Suaire, et nous le cousimes tour à tour à faufillet ;*
>
> *[…] nous repassions la vues sur toutes les playes sanglantes de son corps sacré dont les vestiges paraissoit sur ce Saint Suaire. […] nous y vimes encore les traces d'une face toutes plombé et toute murtrie de coups ; sa tête divine percé de grosses epines […] sur le costé gauche du front une goute plus grosse […] les soulcils paraissoit bien formez ; les yeux un peu moins ; le né comme la partie la plus éminante du visage est bien imprimé, la bouche est bien composée ; elle est asses petite, les joues enflées et défigurée montre asses qu'elle ont été frappée cruellement […] ; la barbe n'est ni trop longue, ni trop petite […] les plombée et coups de fouets sont si frequant sur son estomac et sur les tetins qu'a paine y peut on trouver une place de la grosseur*

14. Extraits du document P, *in* U. Chevalier, *Autour des origines du Suaire de Lirey. Avec documents inédits,* Éditions A. Picard et Fils, 1903.

d'une pointe d'épingle exemple de coups ; elle se croixsoient toutes et s'etandoient tout le long du corps, jusqu'a la plante des pieds ; le gros amas de sang marquent les ouvertures des pieds. [...] la main gauche, la quelle est très bien marqué et croisez sur la droite, dont elle couvre la blessure ; les ouvertures des cloux sont au milieu des mains [...] les bras, qui sont asses long et beau [...] ventre cruelement dechiré de coups de fouets ; la plaie du divin costé paroit d'une largeur suffissante à recevoir trois doits, entourré d'une trace de sang large de quatre doits ; [...] sur la seconde face de ce Saint Suaire qui représante le derrière du corps de notre Sauveur, on voit la nuque de la teste percé de longues et grosses epines, [...] les epaules sont antierement dechiré et moulue de coups de fouets qui s'étandent par tout [...] en plusieurs endroits ils l'y a des grosses cassures a cause des coups qu'on lui donna [...] on remarque les vestiges de la chaine de fert qui le lioit si etroitement à la collonne [...] la diversité des coups fait voir qu'il se servirent de diverses sortes de fouets, comme de verges noué d'ousires, de cordes de fert [...] an regardant pardessous le Suaire, lors qu'il étoit etendu sur la toille d'Holande ou toillier, nous voyons les plaijes comme si nous usions regardé à travers d'une vitre.

[...] Pendant les quinze jours que cette précieuse relique resta en notre couvant, [...] nous avions devant les yeux une partie de lui même en son image pointe de son propre sang [...].

Comment prétendre après cela que l'image était informe avant la fin du XIXe siècle et que seule la photographie de 1898 a permis de révéler les détails du suaire ?

« Le saint suaire de Turin est la preuve de la résurrection de Jésus-Christ. Dans ce suaire, il y a d'autres preuves. La preuve par neuf à mon sens est celle des pièces de monnaie fermant les paupières du défunt suivant la coutume juive. Ces pièces datent la mort et la résurrection de Jésus Christ. » Voilà ce qu'on nous a déclaré textuellement. Cette « preuve par neuf » fait référence aux traces de pièces de monnaie placées sur les yeux qui auraient été mises en évidence et, de plus, identifiées comme des monnaies romaines, les inscriptions montrant qu'elles datent du milieu du Ier siècle.

La présence de pièces de monnaie sur les yeux de « l'homme du suaire » a été désavouée par les partisans mêmes de l'authenticité que sont les membres du Shroud of Turin Research Project (STURP) !

En effet, point n'est besoin d'être un grand spécialiste du sujet pour se rendre compte que prétendre avoir déchiffré sur des photos du suaire les inscriptions de la trace d'hypothétiques pièces dont les détails sont *inférieurs* à la définition même de l'image relève évidemment plus de l'hallucination que de l'analyse.

Depuis cette histoire, de nombreux articles et ouvrages consacrés à de tout autres sujets que le suaire parlent au passage de la coutume, de la classique pratique sépulcrale juive des pièces de monnaie sur les yeux.

Cette soi-disant coutume ne repose en fait que sur la citation faite, par des chercheurs travaillant sur le suaire de Turin, d'un texte du XIXe siècle censé donner à croire que l'apposition de pièces de monnaie sur les yeux d'un défunt était une pratique courante chez les Hébreux au début de notre ère. Or à aucun endroit dans ce texte il n'est question de pièces de monnaie sur les yeux, la *seule* phrase qui en parle concerne les Russes et les Russes contemporains du XIXe siècle, qui plaçaient des pièces de monnaie sur les yeux des morts[15]. De la Russie du XIXe siècle certains ont glissé à la Palestine du Ier siècle !

15. H. Broch, *Le Paranormal*, *op. cit.*, p. 58-59.

Ces allégations, qui ne reposent sur rien sont pourtant tellement répétées à l'envi qu'elles en acquièrent un statut de vérité indiscutable. Tant et si bien que des chercheurs, tentant une approche scientifique de l'énigme du suaire, se croient obligés de les intégrer dans leurs hypothèses et raisonnements ! Ce qui a pour conséquence que des spécialistes d'un domaine concerné par ces errements, et qui ne sont en rien concernés par le saint suaire de Turin, sont tout de même obligés de se défendre contre ces contre-vérités.

C'est ainsi que L. Y. Rahmani, conservateur en chef du Département des antiquités de Jérusalem, a été contraint de faire deux mises au point dans la revue *Biblical Archeologist* (en 1980 et 1981) pour opposer un démenti catégorique – fouilles archéologiques à l'appui – à l'existence d'une coutume juive antique consistant à couvrir les yeux d'un défunt avec des pièces de monnaie.

Mais tient-on compte de l'avis d'un archéologue professionnel, spécialiste de la civilisation et de la période en question ?

Une image en 3D

Comme nous l'annoncions plus haut, cette section va traiter d'une énigme du suaire de Turin. Nombreux sont ceux qui en effet s'interrogent : « Comment expliquer l'effet de volume, l'effet 3D du suaire de Turin ? » Ils pensent ainsi mettre le doigt sur un problème insoluble et clouer le bec de leurs contradicteurs.

Et pourtant la réponse est fort simple.

Commençons par un petit test. Un test très simple : concentrez-vous un petit peu sur le dessin ci-après qui représente « quelque chose recouvert d'un drap et d'environ 1,80 m de long posé sur le sol ».

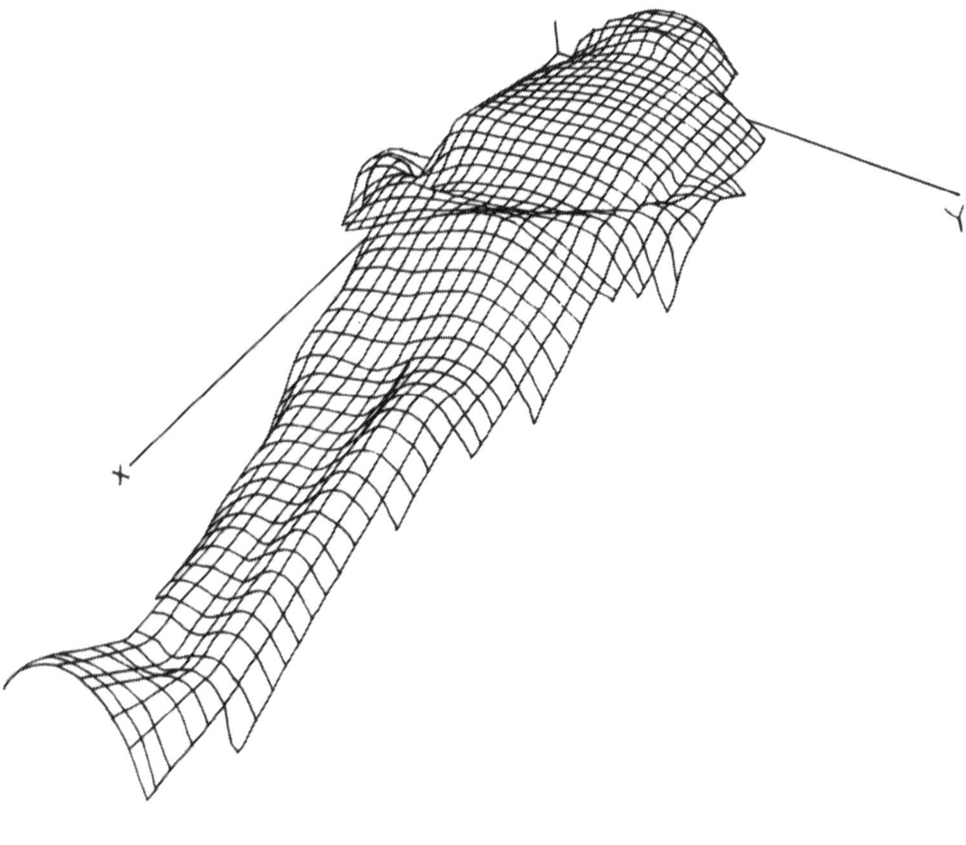

Que voyez-vous ? Cochez la case correspondant à votre choix.

Ce « quelque chose recouvert d'un drap et d'environ 1,80 m de long posé sur le sol » représente :

1. La forme d'un corps humain ? ☐

2. La forme d'un cheval ? ☐

3. Une tiare d'évêque ? ☐

Vous avez coché votre réponse ? Bien.

La publication qui est à la source de toutes les revendications d'un effet 3D, d'une composante en volume, du suaire de Turin est un article intitulé (traduit de l'anglais) « Corrélation de l'intensité de l'image sur le suaire de Turin avec la structure tridimensionnelle d'une forme de corps humain » et paru dans la revue scientifique *Applied Optics*[16] en 1984. Cet article est quasiment devenu la bible des tenants de l'authenticité qui colportent à l'envi que « des scientifiques de la NASA » – Jackson, Jumper et Ercoline n'ont rien à voir avec la NASA – « ont prouvé que l'image du suaire de Turin contient une information tridimensionnelle d'un corps humain » et d'aucuns ajoutent même « information tridimensionnelle qu'aucune autre image normale ne peut contenir ».

Reprenons les choses au commencement. Jackson et ses collègues ont analysé des photos du suaire de Turin au VP8, un analyseur d'images utilisé habituellement par la NASA – d'où vraisemblablement l'imputation de leur appartenance à cet organisme – pour l'étude des photos prises par les satellites et sondes spatiales, et montrent le relief qu'ils ont ainsi pu reconstituer : un corps humain !

En réalité, ce n'est pas tout à fait ce qu'ils écrivent. Leur publication n'est pas très facile à lire, mais si l'on ne se noie pas dans le déluge de formulations mathématiques, on découvre cette phrase :

> *Pour parler précisément, la surface de référence de la figure 9 est une représentation géométrique de la différence en relief entre l'image VP8 de la figure 8A et la forme plausible d'un corps humain.*

16. J. P. Jackson, E. J. Jumper et W. R. Ercoline, « Correlation of image intensity on the Turin Shroud with the 3-D structure of a human body shape », *Applied Optics*, vol. 23, n° 14, 15 juillet 1984, p. 2244.

Cette figure 9 est donnée, avec toutes les autres figures, huit pages après ces quelques lignes. La figure 8A est, quant à elle, la photo du relief obtenue par analyse au VP8 d'une photo du suaire de Turin.

En relisant cette phrase, on peut donc dire que la figure 8A (l'image VP8 du suaire) n'est pas identique à la forme plausible d'un corps puisqu'elle en diffère ; on peut également dire que la figure 9 montre la différence de relief avec ce que serait une forme plausible. En d'autres termes, on peut résumer la situation des reliefs analysés dans l'équation suivante :

Fig. 9 = *différence* entre la forme plausible d'un corps et l'image VP8 du suaire
= forme plausible d'un corps *moins* image VP8 du suaire.

En faisant passer un terme d'un côté de l'égalité et un autre terme de l'autre, nous avons :

Image VP8 du suaire = forme plausible d'un corps en relief *moins* Fig. 9.

En poursuivant la lecture de l'article, on trouve un peu plus loin cette autre précision : « De cette manière, nous définissons une surface mathématique qui *déforme* l'image VP8 *en une surface anatomiquement raisonnable* pour un corps... » (je souligne).

En d'autres termes : le résultat n'étant pas très bon anatomiquement, afin d'obtenir quelque chose d'acceptable, on a modifié l'image obtenue. On est en droit de douter de l'objectivité ou de l'impartialité de Jackson, Jumper et Ercoline.

Mais revenons au petit test du début. Vous avez – certainement – majoritairement sinon unanimement, coché la case « forme d'un corps humain ».

Eh bien ! Sachez que cette figure que nous avons soumise à votre sagacité est tout simplement la figure 9 de la page 2257 de l'article de J. P. Jackson, E. J. Jumper et W. R. Ercoline, figure qui porte en toutes lettres l'indication « Deformed Reference Shroud ».

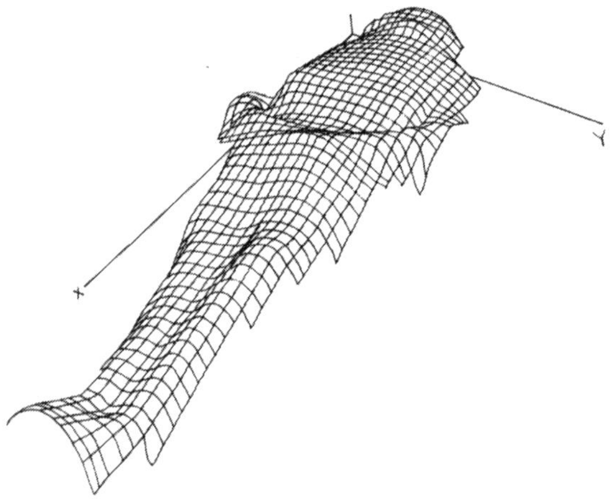

Figure 9. Deformed VP-8 Reference Shroud

Récapitulons en partant de notre équation précédente : Image VP8 du suaire = forme plausible d'un corps en relief *moins* Fig. 9.

Et maintenant que nous venons de voir que la figure 9 est justement la forme d'un corps, que reste-t-il pour l'image VP8 du suaire ? Pas grand-chose sinon, mais au risque de blasphémer, que Jésus-Christ, dont ce fameux linceul conserverait l'empreinte tridimensionnelle, était plat comme une galette.

Ou alors, et pour ne pas blasphémer, que ce linceul n'a *jamais* contenu de corps humain, pas même celui de l'homme que certains tenants de l'origine médiévale du suaire supposent à tort avoir été supplicié à l'époque pour fabriquer cette image. En effet, plusieurs chercheurs reconnaissant la validité de la double datation historique et physique du XIVe siècle ont tout de même essayé de comprendre comment *le corps d'un homme* supplicié placé dans un linge pouvait laisser une telle trace. Et, en particulier, comment cette trace pouvait ne pas présenter les déformations latérales que l'on devrait trouver, lorsque le linge est mis à plat, sur l'image si c'était celle d'un véritable corps humain présentant, par exemple, un visage d'une épaisseur d'environ 20 cm. Mais ces chercheurs sont partis de la présupposition d'une fabrication du suaire sur un véritable corps.

De fait, les résultats, montrant que le volume contenu dans l'image du suaire correspond à une petite hauteur de quelques centimètres, confirment de manière très claire le procédé probable de fabrication utilisé au XIVe siècle pour créer de toutes pièces cette image, à savoir un tamponnage sur un *bas*-relief.

Ce que l'analyse de l'article de Jackson *et al.* démontre ainsi, c'est qu'il s'agit d'une mystification pure et simple, encore que les signataires « recommandent des investigations additionnelles objectives, en remarquant que les études expérimentales préliminaires rapportées dans cet article contiennent quelques éléments subjectifs »... Ils modifient en effet de manière déguisée le zéro de leur appareil de mesure, modification *différente* en chaque point de la mesure. C'est une duperie. Si une personne désire par exemple mesurer des hauteurs, elle peut – et c'est parfaitement légitime – se servir d'une règle *cassée*, amputée d'une partie de ses graduations ; le tout est de le savoir et de le dire. Les mesures seront simplement décalées d'une même valeur, les différences de hauteur auront donc toujours la valeur juste, comme si les mesures avaient été faites avec une règle entière. Par contre, si elle se sert d'une règle *en caoutchouc élastique* et qu'elle tire sciemment dessus et différemment suivant le point qu'elle désire mesurer, elle pourra obtenir sans difficulté la mesure qui l'arrange.

Or on peut voir sur la fameuse figure 9 la variation du plan de référence. En effet, ce qu'elle représente n'a rien à voir avec le suaire, c'est la surface de référence du *zéro* de l'appareil de mesure, surface qui, normalement, aurait dû être totalement *plane.*

En d'autres termes, les données ont été manipulées et *les chercheurs ont eux-mêmes calibré leur appareil au volume du corps qu'ils désiraient trouver à la sortie.* Un édifiant effet cerceau en toute conscience.

Les auteurs de cet article restent néanmoins ouverts à l'hypothèse d'une image 3D du suaire comme travail d'un artiste avec une technique ou une autre (pigments, chauffage...). Ils notent en effet :

> *Le mécanisme avec bas-relief est probablement capable de produire une image dont l'intensité (le dégradé) est corrélée avec la distance linge-corps, cela avec le degré (de corrélation) présent dans l'image du Suaire, et tout aussi bien de fournir un degré de résolution acceptable. De plus, le mécanisme est historiquement crédible puisque les bas-reliefs sont produits par les sculpteurs depuis des milliers d'années. Et, finalement, ce mécanisme peut produire une image avec une structure chimique similaire à celle observée sur le suaire.*

Et si Jésus n'était pas nu ?

Après son authenticité, les rites funéraires de l'époque, l'image 3D, certains spéculent encore sur les écritures d'hypothétiques pièces de monnaie recouvrant les yeux ou les inscriptions entourant le visage à la limite de la visibilité et de la lisibilité sur le tissu. Pourquoi pas une inscription « Made in Palestine 2000 BP[17] » ?

Voici quelques extraits d'un dictionnaire[18] de 1821, bien antérieur donc lui aussi à la fameuse et fulgurante révélation photographique de 1898 :

> *SUAIRE. [...]*
> *Suaire de Turin.*
> (Il y a bien plusieurs suaires, celui de Turin est loin d'être le seul qui fut, au cours du temps, présenté comme l'authentique linceul du Christ.)
> *Le saint suaire de Turin offre la double effigie du corps de Jésus-Christ, vu par-devant et par-derrière, et dépouillé de tout vêtement,* ***à l'exception d'une large ceinture*** (je souligne).
> *[...] Ce suaire était un long drap de toile, où l'on voyait, comme nous l'avons dit, la double représentation du corps de Jésus-Christ, peint en couleur de sang un peu passée. [...]*

On trouve dans le même ouvrage quelques lignes plus loin :

> *Suaire de Besançon.*
> *Le saint suaire que l'on révère à Besançon n'offre qu'une représentation de Jésus-Christ, vu par-devant et sans ceinture. La*

---

17. BP, c'est-à-dire « Before Present ».
18. J.-A.-S Collin de Plancy, *Dictionnaire critique des reliques et des images miraculeuses*, Guien et Compagnie, 1821.

peinture n'y est pas si forte qu'à celui de Turin, mais les membres y sont disposés de la même manière, et il a pareillement huit pieds de long. [...]

La quasi-totalité des représentations du corps de Jésus sur le « suaire de Turin » depuis le XIVᵉ siècle le montrent en effet avec une large ceinture, un pagne tant sur la face ventrale que sur la face dorsale[19].

Le saint suaire de Turin n'est pas *un faux*

Et pourtant l'on sait depuis fort longtemps, plus de six siècles, que le suaire de Turin est une mystification datant du XIVᵉ siècle[20]. Mais voilà, pour qu'il y ait un faux, encore faut-il qu'il y ait eu un vrai.

Si vous avez un faux Picasso chez vous, cela peut se concevoir ; une fausse tour Eiffel dans votre jardin, passe encore. Mais si quelqu'un vous dit qu'il possède un faux Père Noël, vous êtes tout de même en droit de lui demander où serait, dans ce cas-là, le *vrai* Père Noël !

19. Une superbe collection de ces représentations fut l'œuvre du « collectionneur méticuleux et attentif aux détails » qu'était Umberto II de Savoie. Sa première collection de gravures et de lithographies consacrée au suaire de Turin a été quasi entièrement détruite lors des bombardements de l'abbaye de Montecassino en 1943 où elle avait trouvé provisoirement place, mais Umberto II reprit ses recherches historiques et reconstitua sa collection.
20. Encore une fois, contrairement à ce qui est asséné, rappelons qu'il n'y a *aucune* référence historique réelle à ce suaire *avant* le XIVᵉ siècle. Les sindonologues qui cherchent à argumenter à partir d'une image du *Codex de Pray* antérieur à cette période devraient plutôt se voiler la face devant leur confusion entre un linge déplié et une tombe ouverte et vide ! L'image du *Codex de Pray* qu'ils utilisent n'a strictement rien à voir avec le suaire de Turin. Tout un chacun peut le constater en regardant cette image. Pour plus d'informations sur ce sujet, *cf.* le site www.blanrue.com.

C'est pourquoi le saint suaire de Turin n'est pas un faux : il n'y en a certainement jamais eu de vrai. Les Évangiles eux-mêmes n'y font pas référence[21], aucun texte, canonique ou pas, ne revendique un linceul de Jésus avec sa double image, sans même parler de *suaire* qui, pour être précis, était à l'époque une pièce de tissu couvrant seulement la tête.

Le saint suaire de Turin est tout simplement une mystification. C'est même, pour parler vrai, une pure escroquerie. Le but lucratif a été parfaitement mis en évidence par l'évêque qui, au XIVe siècle, mena l'enquête. Il explique en effet dans une lettre au pape Clément VII fin 1389 :

> *Le doyen d'une certaine église collégiale, à savoir celle de Lirey, faussement et mensongèrement,* consumé par la passion de l'avarice, *animé non d'un quelconque motif de dévotion mais* uniquement de profit, *s'est procuré pour son église un certain linge habilement peint sur lequel, par une adroite prestidigitation, était représentée la double image d'un homme, c'est-à-dire le dos et le devant, le doyen prétendant menteusement que c'était le véritable suaire dans lequel notre Sauveur Jésus-Christ avait été enveloppé dans le tombeau... [...] En outre, pour attirer les foules afin de* leur extorquer sournoisement *de l'argent, de prétendus miracles ont eu lieu, certains hommes étant loués afin de se donner pour guéris lors de l'exposition du suaire...*[22] (je souligne).

21. *Cf.* H. Broch, *Le Paranormal, op. cit.,* pour plus de détails.
22. La lettre – conservée à la Bibliothèque nationale, collection de Champagne – que Mgr Pierre d'Arcis, évêque de Troyes, écrivit au pape d'Avignon Clément VII, est reproduite dans *Le Paranormal, op. cit.*, p. 51-53.

L'information suivante a été diffusée en juillet 2005 :

1976-1980 : une équipe pluridisciplinaire de la NASA procède à l'étude du linceul de Turin. Au cours de cette période, la NASA a réalisé en grandeur nature trois copies du linceul sur étoffe de lin. Ces copies sont exposées l'une en Amérique, les deux autres en Europe dont l'une à Marseille.

Ou encore :

À Marseille, dans l'église de la paroisse Saint-Paul des Olives, est exposée l'une des trois copies du linceul de Turin réalisées par la NASA en 1978.

Pourtant la NASA en tant que telle n'a jamais participé à aucune étude sur le suaire ni *a fortiori* n'a *jamais* fait de copies dudit linceul.

Une simple et banale reproduction photographique annoncée comme telle, c'est-à-dire comme étant faite par un individu quelconque ou par une association loi 1901 prétendument scientifique ne se serait peut-être pas très bien vendue. En tout cas, elle n'aurait peut-être pas été acquise au même tarif par l'acheteur, en l'occurrence cette paroisse de Marseille, ou un généreux donateur, qui n'a certainement pas hésité une seconde devant l'étiquette « made in NASA ».

Cette paroisse possède donc maintenant sa copie personnelle d'une mystification du XIVe siècle, dénoncée dès l'origine par l'évêque du lieu, lequel avait mené l'enquête, détaillé le but intéressé de cette mystification et même retrouvé l'artiste ayant fabriqué le linceul.

Corpus Christi

Avant de clore ce thème du linceul sacré, nous voudrions revenir sur l'espace qui sépare curieusement les deux images frontale et dorsale du suaire de Turin et que chacun aperçoit clairement. Le problème semble demeurer de la nature, de la raison, de l'utilité de cet espace.

Comment expliquer en effet qu'un artiste désirant réaliser l'image d'un linceul censé envelopper une personne – en l'occurrence le Christ – ait décidé de faire deux images *séparées* par un large intervalle[23] alors qu'en toute logique il aurait dû faire figurer une seule image continue, la face ventrale et la face dorsale étant unies par le développement de la tête, en particulier des cheveux, sans aucune discontinuité ?

Ce curieux espace entre les deux images demande tout de même une hypothèse sinon une explication. Le vide, l'espace entre la face ventrale et la face dorsale, s'explique très bien si l'on suppose, comme nous l'avons fait il y a fort longtemps maintenant, que le linceul n'était peut-être pas destiné à être présenté horizontalement par des dignitaires heureux de se montrer à la foule en tenant ce tissu vénéré mais à être, en grande pompe, hissé *verticalement, plié en deux* dans le sens de la longueur, tel un étendard placé sur une hampe horizontale, lors des cérémonies en son honneur.

La face ventrale et la face dorsale du suaire soutenu par cette tringle se placent ainsi à même hauteur et devaient créer alors sous la voûte de l'église collégiale de Lirey faiblement éclairée par des torches fumantes le spectacle fascinant, envoûtant, du corps supplicié du Seigneur s'élevant majes-

23. Cet intervalle est incompatible avec la mentonnière dont on a allégué la présence.

Dessin : Flavien Thieurmel.

tueusement. De quelque côté que les fidèles le regardassent, ils voyaient le corps supplicié.

Cette scène du hissage, véritablement cinématographique, était d'ailleurs prévue dans un film, qui n'a malheureusement pas vu le jour, entièrement consacré à l'histoire du suaire : *Corpus Christi*[24].

Un objet made in *France volé aux religieux*

Acheiropoïète[25], non fait de main d'homme, voilà ce qui est clamé haut et fort de ce voile sacré.

Nous proposons pour notre part de rendre plutôt hommage aux quelques hauts dignitaires de l'Église qui ont su raison garder et qui, au cours des siècles, ont toujours affirmé que ce tissu n'était qu'une « représentation », une « peinture » du linceul du Christ. En particulier, le pape Clément VII dont le pontificat suivait d'à peine plus d'une vingtaine d'années la fabrication de ce pur produit *made in France* qu'était le suaire de Lirey[26] pour cette collégiale de

24. *Corpus Christi* est en effet, avant de devenir le titre d'une fort belle et intéressante série diffusée par Arte, un scénario de film datant de 1992 écrit par Gérard Mordillat et Jérôme Prieur avec Henri Broch comme conseiller scientifique, mettant réellement en scène, au plein sens du terme, le saint suaire de Turin ; et dans ce scénario, l'hypothèse du hissage du linge avancée par le conseiller scientifique faisait évidemment l'objet de l'une des scènes chocs.

25. Acheiropoïète : définit une œuvre d'origine miraculeuse, sans créateur humain, ou, par extension, pour laquelle, lors de sa création, la main de l'artiste a été guidée par la divinité.

26. C'est le nom correct qui devrait être adopté. Le chanoine Ulysse Chevalier lui-même, meilleur spécialiste de l'histoire de ce voile, a donné l'exemple en portant discrètement dans quelques titres de ses écrits l'intitulé « Saint Suaire de Turin » en 1899, « Saint Suaire de Lirey-Chambéry-Turin » en 1902 et « Suaire de Lirey » en 1903.

Champagne à laquelle il allait être *volé* et connaître la célébrité sous le nom de « saint suaire de Turin ».

Volé ?

« Volé » est le terme précis et, à notre connaissance, juridiquement toujours valide puisque aucune « grosse indemnité » – contrairement à ce qui avait été décidé devant le prévôt de Troyes qui jugeait l'affaire de vol en novembre 1449 –, ni aucune « rente compensatoire » de 50 francs d'or par an payable à perpétuité – contrairement à ce qui avait été entériné dans la transaction de février 1464 par le duc de Savoie, nouveau propriétaire[27] sans acte légal – n'ont jamais été données aux religieux de cette collégiale qui en étaient les seuls possesseurs légaux indubitables[28].

Le chanoine Ulysse Chevalier écrivait : « Les traditions sont respectables quand elles sont vraies ; mais c'est un devoir de conscience de les déposséder de la place qu'elles ont usurpée dans l'âme du public quand elles sont fausses. » Nous partageons entièrement sa position et sommes également tristes de rappeler avec lui : « Mais il était écrit que l'histoire de cette relique fameuse serait une longue violation de deux grandes vertus, la justice et la vérité. »

---

27. Le saint suaire de Turin est resté propriété de cette maison jusqu'au décès en 1983 à Genève d'Umberto de Savoie, ex-roi d'Italie, qui dans son testament daté du 27 mars 1981 en avait fait don au souverain pontife de l'Église romaine, le pape Jean-Paul II.

28. Nous vous laissons imaginer ce que pourrait représenter pour une minuscule ville comme Lirey, dans l'Aube près de Troyes, la restitution de ce qui n'est, après tout, que *son* suaire… Ou, alors, le paiement de ce qui est juridiquement dû aux successeurs religieux de la collégiale de Lirey, à savoir 50 francs or par an depuis 1464. C'est-à-dire une somme réellement mirobolante en euros ! Pour information, plusieurs *millions* de personnes se sont rendues spécialement à Turin lors de chacune des dernières ostensions du saint suaire ; en supposant que chaque personne laisse à l'économie locale (hébergement, nourriture, transport, souvenirs…) au minimum quelques centaines d'euros, faites un rapide calcul et vous verrez des sommes astronomiques irriguer l'économie turinoise.

Décidément les voies du Seigneur sont impénétrables et offrent donc actuellement à la dévotion des fidèles turinois et du monde entier un signe de la Passion du Christ censé dater de deux mille ans mais qui est en réalité un objet volé manufacturé en France au XIVe siècle !

Le fait de connaître la véritable origine du saint suaire de Turin n'empêche évidemment en rien certains de considérer ce tissu comme une *icône*. Ce tissu ou un autre. Voici

un suaire que nous avons fabriqué sur un lin ancien en appliquant la recette classique « bas-relief et tamponnage ». Nous l'avons offert à une amie croyante pratiquante qui nous le demandait depuis fort longtemps. Ce qui compte, c'est le recueillement. Et l'objet support du recueillement n'a nul besoin d'être acheiropoïète.

Ce faisant, nous ne nous voulons nullement iconoclaste. Nous nous félicitons au contraire de cet encouragement d'un abbé : « Merci de contribuer à dépoussiérer l'Église catholique. »

Chapitre 6

DÉVELOPPEZ VOS POUVOIRS

Les moines shaolins sont doués de capacités hors du commun. Qu'on en juge : ils peuvent lécher une barre de fer chauffée au rouge, manipuler des charbons ardents, casser un gros bâton sur le bras d'un autre moine sans qu'il en souffre.

Les moines shaolins sont des moines bouddhistes chinois qui pratiquent un système de combat spécifique, le *Kung-fu Shaolin*, art martial fondé vers le VIe siècle en Chine et pratiqué dans un ensemble de temples avant de décliner. La connaissance et la pratique de cet art martial ont été relancées au début des années 1970, et le succès ne s'est pas fait attendre grâce à une série télévisée à l'audience extraordinaire, *Kung-fu*, contant les tribulations aux États-Unis du moine et maître shaolin aux mœurs non violentes Kwai Chang Caine incarné par David Carradine, et aux démonstrations spectaculaires de capacités hors normes.

Voici ce qu'un simple individu, pourtant moins entraîné qu'un moine shaolin et ne revendiquant aucun pouvoir particulier, peut faire. Pour des durées assez brèves, il a, sans miracle aucun :

– touché avec ses doigts et avec sa langue du fer chauffé au rouge,
– plié, en les frappant de ses pieds nus, des barres de fer chauffées au rouge,
– plongé ses doigts dans du plomb, du cuivre jaune ou du fer fondus,
– pris une petite quantité de plomb fondu dans sa bouche et recraché immédiatement,
– pris des charbons rougeoyants dans sa main,
– fourré des charbons rougeoyants dans sa bouche et mâché des charbons brûlants,
– marché sur des lits de charbons portés au rouge...

Mayne Reid Coe, qui fut parmi les premiers à donner des explications fondées sur une expérimentation, a souligné, dès 1957, qu'il n'était en rien nécessaire de faire appel aux explications paranormales des épreuves avec le feu[1]. Ses exploits énumérés ci-dessus sont rendus possibles par une conjonction de conditions : outre un temps de contact faible, et pour les trois derniers cités la privation de l'apport d'oxygène, comburant nécessaire à la réaction chimique produisant la chaleur, une capacité calorifique et conductivité thermique faibles des matériaux utilisés et ce qu'on appelle l'« état sphéroïdal[2] ».

1. Henri Broch, *Au cœur de l'extra-ordinaire*, *op. cit.*, p. 278.
2. Pour plus d'informations, *cf.* G. Charpak et H. Broch, *Devenez sorciers, devenez savants*, *op. cit.*, p. 71-78.

La faible capacité calorifique d'un corps signifie qu'il emmagasine peu d'énergie sous forme de chaleur, de sorte que, lorsqu'il cède par contact cette énergie à un autre corps de capacité calorifique plus grande, ce dernier atteindra une température *plus faible* que la sienne.

La faible conductivité thermique traduit en quelque sorte la mauvaise aptitude d'un corps à écouler, dans un sens ou dans l'autre, la chaleur.

L'état sphéroïdal (ou *caléfaction*), c'est-à-dire le fait qu'un liquide mis brusquement au contact d'une surface *très* chaude (le *très* est vraiment important) se vaporise instantanément et qu'une mince couche de vapeur, quasi isolante car mauvaise conductrice de la chaleur, se forme ainsi entre le liquide et la surface brûlante.

Des braises à main nue

Une sympathique réunion de quelque dix personnes appartenant à cinq nationalités différentes dans un petit restaurant de Nice en 2005 a donné l'occasion à Stéphane, aiguilleur du ciel, pilote d'hélicoptère et magicien, de faire une petite démonstration de braise rougeoyante prise dans les mains et frottée avec entrain… sans se brûler.

Aucun produit, aucun trucage, il faut juste frotter les mains enserrant la braise l'une contre l'autre afin, d'une part, de répartir la chaleur sur l'ensemble des mains et, d'autre part, de couper l'apport d'oxygène au charbon afin de diminuer un peu la réaction chimique produisant la chaleur.

Photos : Matthew Graham Jones.

Même lorsqu'on connaît l'explication physique, cela reste étonnant ; et courageux de la part de quiconque et encore plus d'un prestidigitateur qui, par définition, tremble à l'idée qu'un accident puisse arriver à ses mains et ses doigts agiles.

Aucun produit, aucun trucage. Qu'à cela ne tienne, Richard, jeune doctorant, s'est jeté à l'eau et, sans hésitation, s'est saisi d'une braise rougeoyante et a fait de même.

Le patron du restaurant n'a pas eu besoin de sortir sa trousse de premiers secours ; par contre il n'a pas dissimulé son étonnement !

Cela dit, inutile de forcer votre fils ou votre fille à vous faire une démonstration lors du barbecue dominical ou de faire l'expérience vous-même si vous n'êtes pas absolument prêt.

À bras raccourcis

Quel est le processus physique de la frappe sur les bras avec de longs bâtons des moines shaolins ?

Le premier temps est celui de la présentation du bâton très long, d'un diamètre conséquent, et donc très impressionnant. Mais le fait d'être long joue en sens inverse de ce qu'on pourrait supposer *a priori*.

Ensuite, on annonce qu'un moine va, avec ce bâton, frapper de toutes ses forces le bras d'un autre moine.

Les voici en position :

On observe que la frappe du bras avec l'extrémité du bâton vise plutôt l'*épaule*, ce qui ne revient pas tout à fait au même au point de vue de la résistance.

Enfin, le moine frappeur entre en action. Cela va très vite, on ne voit pas grand-chose sinon que le bâton se casse avec un bruit impressionnant, mêlé au cri que pousse simultanément le moine frappé.

En fait, le moine frappeur a fait un léger bond en avant – noter sa position – et a frappé non pas avec l'*extrémité* du bâton mais avec le *premier tiers*, la partie la plus proche de sa prise. Et le bâton se brise *au-delà* de l'épaule.

La technique est strictement identique dans le cas d'une frappe dans le dos. À la préparation de la frappe, c'est l'extrémité du bâton qui est positionnée sur le dos.

Et, à la frappe, avec un petit saut rapide en avant de la part du moine frappeur, c'est le tout premier tiers du bâton qui vient au contact du dos.

L'essentiel est réalisé par le moine frappeur : il doit agir très rapidement, frapper très *fort*, tout en *arrêtant* net son coup lorsqu'il arrive au contact du corps de son collègue. L'arrêt brusque du mouvement entraîne la rupture du bâton au-delà du moine frappé de sorte que la majeure partie de l'énergie dégagée par la frappe est emportée sous forme d'énergie cinétique par le long bout de bâton, environ les deux tiers, qui s'est détaché.

Cela n'enlève rien à la qualité de l'exécution de ces frappes qui nécessite une maîtrise de soi tout à fait remarquable. On comprend qu'il y faille un long entraînement et donc une existence de moine.

Les seules personnes qui risquent vraiment quelque chose dans cette démonstration, ce ne sont pas les moines

frappés, mais plutôt le public s'il est placé dans la ligne d'éjection du bâton lorsqu'il se rompt. Lors d'une frappe sur le dos, le bout de bâton est venu frapper la table de décoration revêtue d'aluminium située devant et sur la droite du moine frappé : la tranche de cette table en a été sérieusement enfoncée, ce qui prouve bien l'énergie que possédait ce bout de bois volant.

La force du Ki

Une autre démonstration des pouvoirs psychiques particuliers que posséderaient les moines shaolins a été faite à l'aide d'un bol.

Il était placé sur le ventre nu d'un jeune moine debout, lequel s'est alors concentré et, par le pouvoir de concentration que lui confère le Ki, dont nous parlerons dans un instant, il l'a fait tenir à la verticale.

Un spectateur est prié de venir tirer de toutes ses forces sur le bol (illustration suivante), afin d'essayer de le détacher du ventre du moine retenu par un de ses collègues.

Malgré tous les efforts du spectateur, le bol est resté en place.

Une manifestation du pouvoir du Ki ?

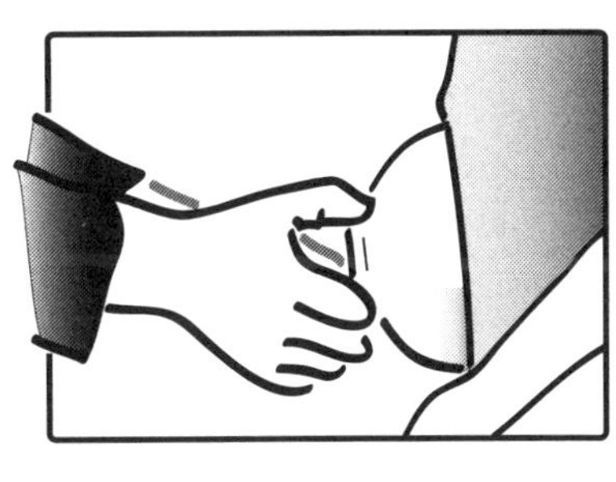

Pas forcément. Tout d'abord, on peut faire remarquer que pour tirer correctement encore faut-il avoir une bonne prise et que ce n'était peut-être pas le cas, comme on peut le constater sur l'illustration qui montre le pauvre spectateur devant pincer le bol par un petit rebord du pied !

S'escrimant d'abord à pincer ce petit rebord, la traction horizontale qu'il exerçait ne devait pas être bien puissante. Dommage que les moines shaolins n'aient pas eu l'idée – mais on ne peut pas penser à tout, n'est-ce pas ? – de munir leur bol d'une large poignée permettant une prise facile.

On peut également remarquer que le bol utilisé par les moines est particulièrement *évasé.*

Imaginons – juste pour le plaisir de l'imagination bien sûr – que le moine fasse un peu pénétrer son ventre à l'intérieur du bol et qu'ensuite, en utilisant ses muscles abdominaux, il rentre le ventre. Que croyez-vous qu'il fasse alors ? Eh oui ! C'est bien un effet de ventouse qu'a réalisé l'auguste ventre monacal.

Et le fait que le bol est évasé facilite bien sûr l'introduction du ventre qui y pénètre alors sans difficulté et optimise ainsi la résultante des forces de pression de l'air qui vont agir sur ce bol lors du retrait du ventre.

Faisons un petit calcul de manière à déterminer l'ordre de grandeur des forces en jeu. Supposons que le bol ait une surface[3] de l'ordre de 350 cm^2 et que le moine n'ait fait pénétrer son ventre que de la moitié du volume du bol (hypothèse faible) avant de plaquer celui-ci fortement sur son corps. S'il ne retire ensuite son ventre qu'à la limite normale

3. Le bol peut être représenté simplement par une portion de sphère, une calotte sphérique, cas particulier d'une zone sphérique. La surface de cette dernière se calcule par la formule $2\pi rh$ (où r est le rayon de la sphère et h la distance entre les deux plans contenant les parallèles de la zone en question).

du bol (hypothèse faible également), alors, nous avons à l'intérieur du bol une pression d'air qui est à peu près la *moitié* de la pression externe, la pression atmosphérique[4]. Ce qui revient à dire qu'une force d'environ 175 kgf au total s'exerce à l'extérieur sur le bol ; soit, vu la forme évasée, une composante horizontale d'environ 130 kgf !

Le spectateur peut donc toujours tirer la langue et forcer comme un vrai diable sur le mince rebord. Avec une telle complicité aérienne, le moine pourra encore longtemps faire la démonstration de son pouvoir mystérieux.

Essayez vous-même et vous serez surpris du résultat.

Au cas où vous hésiteriez encore entre l'hypothèse de la ventouse et celle du pouvoir psi, on peut remarquer lorsque le moine qui vient de faire la démonstration de son pouvoir avec le bol se remet en place dans le rang, une marque sur son ventre. Un peu comme un afflux de sang dû à un effet de ventouse.

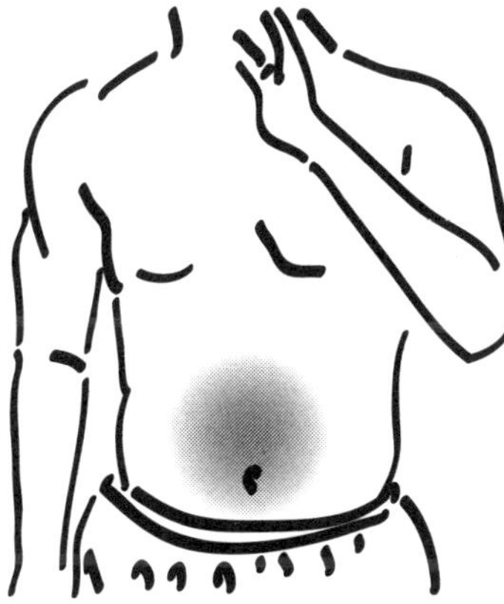

4. La pression atmosphérique correspond, au niveau du sol, à environ 10^5 pascals. C'est-à-dire, de manière beaucoup plus claire, à une force de *1 kgf tous les cm²*. 1 kgf (kilogramme-force) signifie une force dont l'intensité est égale au poids d'une masse de 1 kg (pour une définition plus complète d'une force de 1 kgf, *cf.* la note de la section « Psychokinèse »).

« Parbleu, mais c'est bien sûr ! », diront les parapsychologues. L'énergie psychique est véhiculée chez ces moines chinois non par les méridiens mais par le sang !

Le spectacle des moines shaolins ne laisse pas d'étonner lorsqu'on assiste à cette action que sa seule évocation rend douloureuse : « Un moine frappe son partenaire d'un coup de pied dans les testicules. Même pas mal ! »

Et pourtant, est-ce bien *réellement* ce à quoi on assiste ? Voit-on vraiment les testicules d'un moine pendre entre ses jambes et être frappés par un coup de pied ?

Et si l'on se trouvait face à un effet paillasson[5] ? Un coup de pied « dans les testicules » ou un coup de pied « à l'endroit d'un vêtement où l'on suppose que les testicules se trouvent » ? Ce n'est pas – les hommes en conviendront – tout à fait la même chose.

Nous pratiquions nous-même – dans notre jeunesse – un art martial venu d'une contrée lointaine, et notre professeur – Pan, un tout jeune Asiatique – expliquait comment remonter les testicules dans leur poche respective sous la peau du bas-ventre et les faire rester en place tout simplement avec un sparadrap. Rien de plus simple. Les bourses étaient alors vides de tout occupant. Un « coup de pied dans les testicules » n'était alors presque pas plus douloureux qu'un autre coup ; et, le cas échéant, l'adversaire risquait d'en être fortement impressionné.

5. L'*effet paillasson*, effet fondamental dans le domaine des phénomènes paranormaux, consiste à désigner une chose ou un objet par un mot qui se rapporte à *autre chose* et permet ainsi de tirer des implications sans aucune commune mesure avec celles que l'on serait en droit de tirer. Le nom vient de l'observation canonique suivante. Un paillasson porte souvent l'inscription « Essuyez vos pieds SVP ». Avez-vous, une seule fois, retiré vos chaussures et vos chaussettes pour vous exécuter ? « Pieds » pour « chaussures ». Vous venez de mémoriser l'effet paillasson.

Nous ne disons pas que c'est cette technique qu'utilisent les moines shaolins en démonstration ; nous attirons simplement l'attention sur le fait que la pudeur élémentaire obligeant à couvrir ces parties intimes du corps des moines, nous ne sommes pas sûr que des objets fragiles se trouvent vraiment là où l'on pense lorsque le pied du partenaire frappe.

Il faudrait vérifier.

Mais nous préférons rêver – sans prendre nos rêves pour la réalité – devant le spectacle des moines shaolins qui font une démonstration époustouflante de leur souplesse et de leurs qualités sportives.

Comment les Maîtres en arts martiaux peuvent-ils développer, grâce à leur entraînement exigeant et à leurs longues méditations, un pouvoir spécial, capter une énergie, le *Ki* (ou *Chi*), leur permettant par exemple de s'ancrer dans le sol, de devenir beaucoup plus lourds ou, en tout cas, impossibles à soulever ou à déplacer même par de solides disciples ? Le *Ki* permet par concentration de s'enraciner. Il circulerait dans le corps en suivant des chemins précis mais secrets et aurait pour effet de conférer au pratiquant d'art martial qui sait le maîtriser une force surhumaine ou des pouvoirs extraordinaires.

Ce type de revendications est assez largement répandu. Par exemple, un Maître, au prix d'une concentration extrême pour lancer son Ki au plus profond de la Terre et unir son corps avec le centre de celle-ci, résiste à la poussée latérale de quatre de ses élèves ! C'est réellement surprenant.

Un Maître en karaté possédant ce pouvoir a accepté de se prêter à l'expérience d'une étudiante pratiquant cet art martial. Il prétendait pouvoir « envoyer son Ki vers le sol pour résister à différentes contraintes comme le fait un arbre avec ses racines ». Et il précisait que deux personnes ne pourraient pas le soulever.

Le senseï a donc fait une démonstration de la force du Ki : sur le tatami au sol, à genoux, les fesses sur les talons, en position dite de « Seisa », il médita et se concentra puis, à un

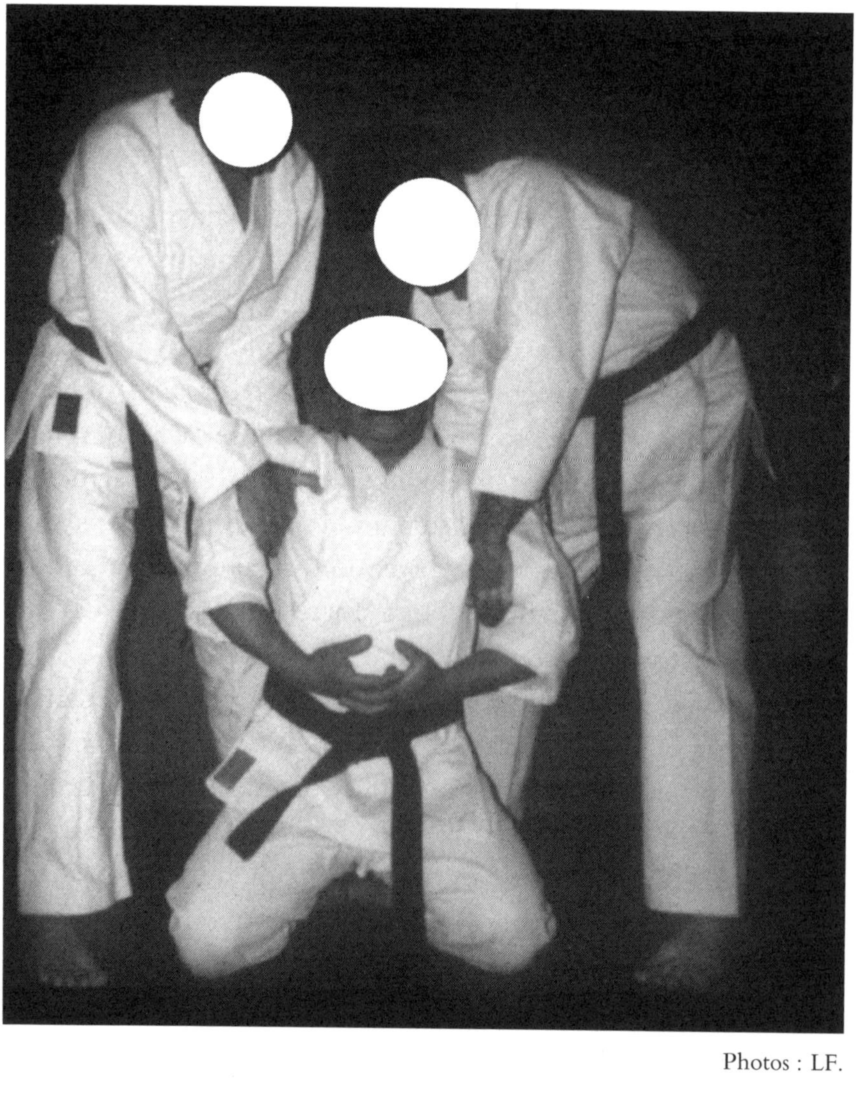

Photos : LF.

petit signe qu'il est fin prêt, deux grands gaillards costauds, élèves du Maître et ceintures noires, s'approchèrent et, avec tout le respect dû au Maître, essayèrent de le soulever en tirant de toutes leurs forces. En vain. Impossible de décoller le senseï du sol. Échec complet pour la force des disciples. Succès total pour le Ki.

L'expérience est alors organisée, mais alors seulement, c'est-à-dire *après* cette démonstration du fonctionnement effectif du Ki.

Le Maître est équipé d'un harnais qui, par trois cordes, est relié à une autre plus longue. Il se trouve exactement dans la même position que précédemment.

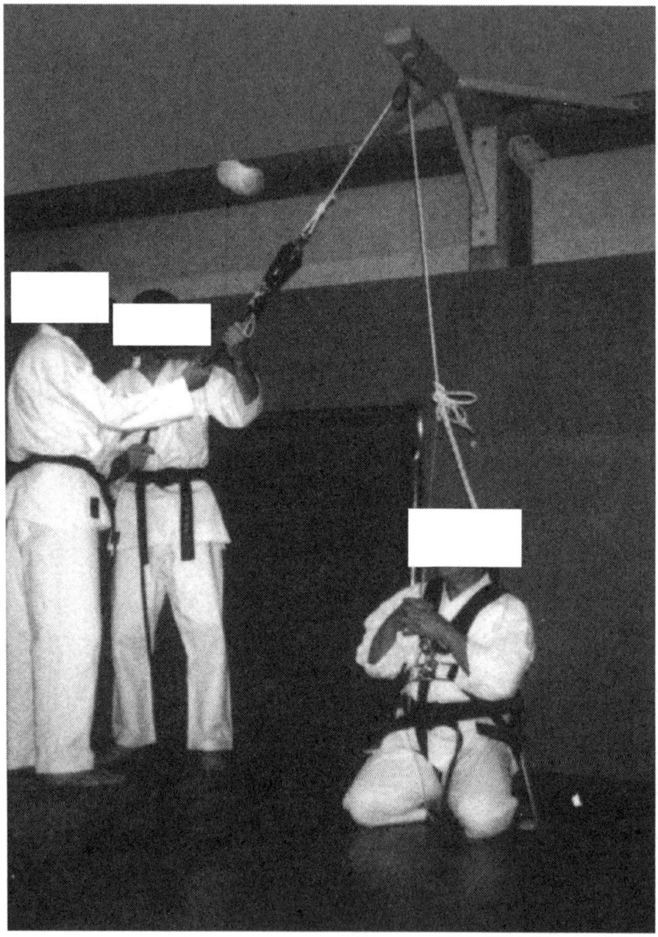

La longue corde passe sur une poulie et revient, à travers quatre dynamomètres (un ressort gradué qui permet de mesurer une force), entre les mains des deux *mêmes* élèves ceintures noires.

Le senseï se concentre.

…

(Le suspense rend obligatoire ces points de suspension.)

…

Les deux élèves du Maître tirent sur la corde.

Et le senseï décolle immédiatement !

On pourrait arguer que les élèves ont vu leurs forces miraculeusement décuplées pour une raison ou une autre et qu'ils ont, cette fois-ci, tiré avec une force beaucoup plus grande leur permettant de vaincre le Ki.

Mais la lecture de la valeur affichée sur les ressorts sert de couperet final à l'énergie du Ki : la force mesurée sur les dynamomètres est de 71 kgf, c'est-à-dire la force correspondant à une masse de 71 kg. Autrement dit la masse du maître (67 kg) plus les quelques babioles qu'il porte, kimono, baudrier, cordes...

Tirer sur une corde banale ne revient pas au même que tenter, sans une bonne prise, de soulever le Maître, avec tout le respect qui lui est dû.

La mesure du fluide vital

Plus fort que les Maîtres du Ki, des médiums, grâce à leur impalpable énergie vitale, arrivent en se concentrant à faire tourner sur lui-même un petit tourniquet. D'autres revendiquent – toujours grâce à cette subtile énergie – le pouvoir de faire tourner très légèrement un petit flotteur sur l'eau d'un bol rempli à ras bord. Quelles nouveautés prodigieuses et révolutionnaires ! Une action exercée sans aucune force appliquée, c'est un bouleversement de toutes les lois de la physique.

Et l'on peut même enfin, nous dit-on avec gourmandise, mesurer précisément l'intensité de son fluide vital, variable avec notre concentration mentale bien sûr, grâce au *Vitalomètre* appelé aussi « roue d'Egely » du nom de son inventeur[6]. Ce dernier n'aurait fait une découverte fondamentale qui met en évidence ce fameux fluide vital.

George Egely a surtout réussi à créer une société qui vend, fort cher[7], un petit gadget qui permet de s'amuser comme on le faisait naguère dans les salons ; mais, cette fois, avec un petit appareil mystérieux fabriqué en usine et comportant force diodes lumineuses et effets sonores qui enchantent la vue et les oreilles, après en avoir payé le prix.

6. Présenté systématiquement comme physicien, George Egely n'en est pourtant pas un, du moins au sens habituel du terme de « chercheur en physique ». Il a travaillé plusieurs années comme ingénieur à l'Institut de physique hongrois (KFKI). Le physicien Jeki Laszlo, auteur de l'ouvrage officiel retraçant la vie de cet Institut KFKI, Budapest, 2001, explique que M. Egely a « publié des livres sur la bioénergie et créé un appareil pour la mesurer, sur les phénomènes paranormaux, sur le mouvement perpétuel et comment obtenir de l'énergie à partir de rien ». Ce collègue nous a précisé dans un courrier que M. Egely avait d'ailleurs été remercié de l'Institut de physique en 1991.
7. 250 euros le petit gadget.

La roue d'Egely est une petite roue dentée ultralégère, en plastique, montée sur un support à très faible frottement. Elle se met à tourner lorsqu'on approche sa main. À condition d'avoir ôté, bien sûr, le petit couvercle en plastique transparent positionné sur la roue car l'énergie vitale que dégage votre main est allergique au plastique, elle ne peut donc en aucun cas franchir ce couvercle. C'est comme le petit film de cellophane ou le couvercle en verre que l'on peut mettre sur le bol dont nous parlions tout à l'heure et qui, curieusement, stoppe net l'impact du fluide vital.

Mais bref, dans de bonnes conditions, le fluide vital se manifeste et la photo suivante témoigne d'une roue d'Egely tournant à grande vitesse lorsque notre main s'en approche.

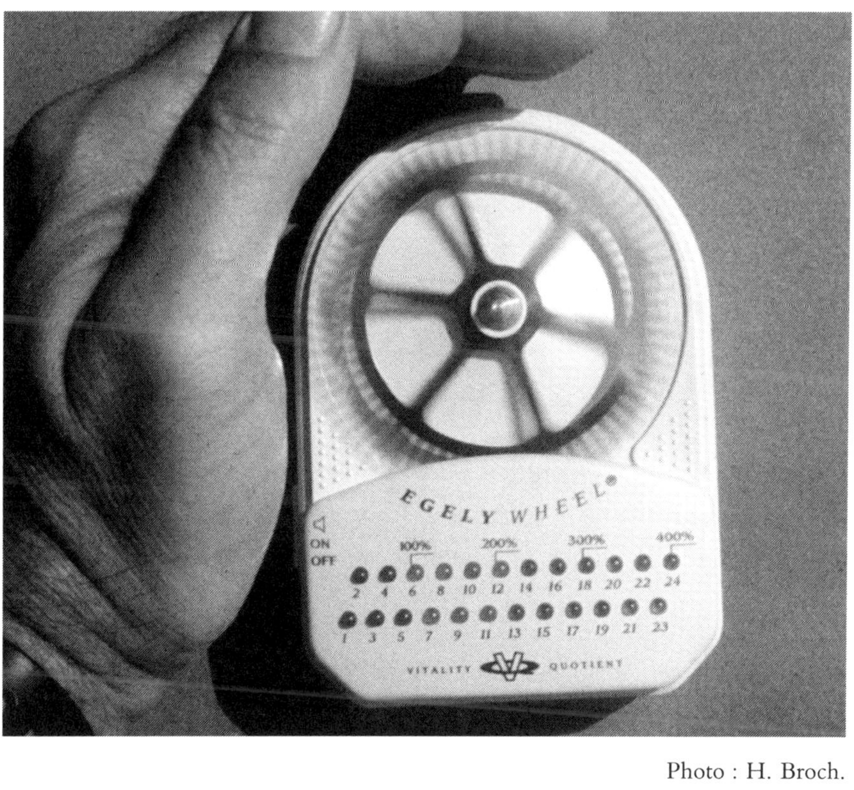

Photo : H. Broch.

Le phénomène n'a, en réalité, rien de bien nouveau. Il y a plus de cent trente ans, on avait déjà fait des discours métapsychiques sur le simple gradient thermique (la différence de température) qu'induit une main dans son environnement immédiat, l'air, et les courants d'air qui s'ensuivent.

Le texte qui suit n'est pas une explication récente du don de quelque médium moderne ou une réflexion profonde de nos neurones taraudés par l'énigme de la roue d'Egely. Il date de… 1913[8].

Un tourniquet mystérieux

Découpez un petit rectangle dans du papier à cigarettes. Pliez-le en deux en long puis en large, et dépliez-le : vous établirez ainsi le centre de gravité de votre figure. Ce centre servira à placer votre morceau de papier sur la pointe d'une aiguille de façon qu'il reste en équilibre ; mais le moindre souffle le fera tourner. Jusqu'à présent aucun mystère. Mais approchez votre main du tourniquet comme l'indique la figure […]

Faites-le avec précaution pour ne pas produire un courant d'air qui peut emporter le papier. Vous verrez alors une chose bien étrange : le papier se mettra à tourner de plus en plus vite[9].

8. Y. Perelman, *La Physique récréative*, 1913, réédition Mir, 1987.

9. « Si, pour quelques raisons, la rotation ne se produit pas, le plus probable est que vous ayez pris un papier trop épais et trop lourd pour cette expérience. Essayez de confectionner un autre tourniquet. »

Retirez votre main et le mouvement cesse. Rapprochez-la encore, et il reprend de nouveau.
Dans les années 1870, ce mouvement énigmatique faisait croire à nombre de gens que notre corps est doté de certaines facultés surnaturelles. Selon les amateurs de mystique, il confirmait leurs théories obscures sur la force mystérieuse émanant d'un organisme humain. Or son origine est très simple et naturelle : l'air d'en bas réchauffé par votre main monte et pousse le papier en le faisant tourner, car en le pliant vous lui avez communiqué une faible pente.
Un observateur attentif remarquera que le sens de rotation est toujours le même et va du poignet, le long de la paume vers les doigts. Ce fait s'explique par la différence de température de ces parties de la main, les bouts des doigts sont plus froids que la paume ; le courant ascendant engendré par celle-ci est donc plus fort et l'emporte sur le courant provenant des doigts[10].

Plus d'un siècle après cette expérience de physique enfantine, certains arrivent encore à vendre cela pour du fluide parapsychologique !

Voilà une bonne raison de créer des centres de culture scientifique et technique consacrés à la popularisation des sciences ; voilà une raison supplémentaire de répandre dans les écoles les activités « main à la pâte » de Georges Charpak qui doivent donner à tous les citoyens du troisième millénaire une connaissance des principes scientifiques de base.

10. Quand on a de la fièvre, le tourniquet marche beaucoup plus vite. Ce petit appareil instructif, qui autrefois a dérouté bien des gens, fut même l'objet d'une modeste étude physico-physiologique présentée en 1876 à la Société médicale de Moscou (N. Nétchaev, *Rotation des corps légers sous l'action de la chaleur de la main*).

Par exemple, les principes de la méthode scientifique que Diderot formula parfaitement : « L'observation de la nature, la réflexion et l'expérience. L'observation recueille les faits, la réflexion les combine, l'expérience vérifie le résultat de la combinaison. Il faut que l'observation de la nature soit assidue, que la réflexion soit profonde, et que l'expérience soit exacte. »

Ne connaissant manifestement pas bien les expériences concluantes menées il y a de multiples décennies, il semble que les parapsychologues soient plutôt des théoriciens que des expérimentateurs. En tout cas, s'ils s'essaient à expérimenter, le résultat n'est pas très probant car la conception de leurs expériences prête, plus souvent que la normale, le flanc à la critique. Alors qu'il y a des moyens excessivement simples de contrôler le type d'expériences qu'ils veulent entreprendre.

Leurs expériences ne sont en effet pas si sophistiquées, donc si difficiles à contrôler que cela ; méthodologiquement, elles peuvent se ramener à celle, princeps, qui consiste à soulever ou faire tourner une table ou bien à déplacer un verre sur le plateau d'une table. C'est-à-dire à observer la manifestation d'un esprit désincarné ou l'action de la puissance psychique (en l'occurrence psychokinétique) d'un des participants…

Il n'est pas essentiel d'élaborer des expériences avec des demi-balles de ping-pong sur les yeux du sujet psi, une lumière diffuse, une pièce insonorisée et un casque sur les oreilles diffusant un bruit blanc. Tout cela pour réduire les stimuli extérieurs en produisant un « champ sensoriel uniforme[11] » afin de développer – selon les parapsychologues –

11. C'est le fameux *Ganzfeld*, mot allemand utilisé par les parapsychologues pour parler de « champ homogène », ou de « champ sensoriel uniforme ».

au maximum les capacités extrasensorielles de la personne testée. Ni d'autres amusettes telles qu'un bonnet orné de multiples électrodes ou d'impressionnants appareils censés faire des tirages aléatoires. C'est plus photogénique mais ce n'est pas plus aléatoire qu'un bon vieux tirage de jetons dans un chapeau bien secoué. Et cela n'apporte strictement rien sur le plan conceptuel étant donné que le phénomène n'est tout simplement pas établi. Encore une fois, les parapsychologues semblent ignorer – comme l'expliquait fort bien Fontenelle avec l'histoire de la dent d'or (*cf.* encadré) – qu'il faut s'assurer d'un fait avant d'en chercher la cause.

Extrait de *La Dent d'or* (Histoire des Oracles) de Fontenelle, 1687

Il serait difficile de rendre raison des histoires et des oracles que nous avons rapportés, sans avoir recours aux Démons, mais aussi tout cela est-il bien vrai ? *Assurons-nous bien du fait, avant de nous inquiéter de la cause.* Il est vrai que cette méthode est bien lente pour la plupart des gens, qui courent naturellement à la cause, et passent par-dessus la vérité du fait ; mais enfin nous éviterons le ridicule d'avoir trouvé la cause de ce qui n'est point. Ce malheur arriva si plaisamment sur la fin du siècle passé à quelques savants d'Allemagne, que je ne puis m'empêcher d'en parler ici.

En 1593, le bruit courut que les dents étant tombées à un enfant de Silésie, âgé de sept ans, il lui en était venu une d'or, à la place d'une de ses grosses dents. Horstius, professeur en médecine à l'Université de Helmstad, écrivit, en 1595, l'histoire de cette dent, et prétendit qu'elle était en partie naturelle, en partie miraculeuse, et qu'elle avait été envoyée de Dieu à cet enfant pour consoler les chrétiens affligés par les Turcs. Figurez-vous quelle consolation, et quel rapport de cette dent aux chrétiens, ni aux Turcs. En la même année, afin que cette dent d'or ne manquât pas d'historiens, Rullandus en écrit encore l'histoire. Deux ans après, Ingolsteterus, autre savant, écrit contre le sentiment que Rullandus avait de la dent d'or, et Rullandus fait aussitôt une belle et docte réplique. Un autre grand homme, nommé Libavius, ramasse tout ce qui avait été dit sur la dent, et y ajoute son sentiment particulier. Il ne manquait autre chose à tant de beaux ouvrages, sinon qu'il fût vrai que la dent était d'or. Quand un orfèvre l'eut examinée, il se trouva que c'était une feuille d'or appliquée à la dent avec beaucoup d'adresse ; mais on commença par faire des livres, et puis on consulta l'orfèvre.

Rien n'est plus naturel que d'en faire autant sur toutes sortes de matières. *Je ne suis pas si convaincu de notre ignorance par les choses qui sont, et dont la raison nous est inconnue, que par celles qui ne sont point, et dont nous trouvons la raison* » (je souligne).

Nous allons donner deux exemples de contrôles fort simples qui ont apparemment échappé aux parapsychologues. À moins qu'ils ne tiennent pas à les faire. Imaginez un instant ce qu'il adviendrait de leur univers si les tables tournantes ne bougeaient plus, si les voyantes n'avaient plus de révélations et les sujets psychokinétiques ne cassaient plus rien.

Le verre oui-ja

On place des symboles (lettres, chiffres, signes de ponctuation...) en cercle sur le pourtour d'une table, puis l'on dispose, à l'envers le plus souvent, un verre au centre de ce cercle. Deux panonceaux « oui » et « non » sont également placés sur la table. Les gens s'asseyent autour de la table et placent leur index délicatement sur le verre et se concentrent. Si l'esprit est là ou si le fluide psychokinétique d'un participant est suffisant, le verre se met alors à bouger et se dirige vers un symbole puis un autre, puis encore un autre, etc. Et c'est ainsi qu'un message apparaît dans la séquence des lettres et symboles indiqués par le verre en réponse à une question posée par un des participants.

Photo : DR.

Faitcs l'expérience, telle que nous venons de la décrire, c'est-à-dire l'expérience classique.

Refaites-la si, et seulement si, l'expérience ayant été faite, vous êtes assuré que l'esprit ou le fluide est bien là. Ce point est important, il atteste en effet que la phase de la Lune est propice, qu'aucun fluide négatif ne s'oppose à la venue de l'esprit, qu'aucune onde dégagée par un sceptique empêche les puissances spirituelles ou psychiques de se manifester.

Refaites donc l'expérience mais avec une très légère variante. Prenez une pile de petits bouts de carton identiques ; sur chacun d'eux, notez l'un des symboles placés sur la table pour la première expérience. Cela fait, retournez tous ces cartons face contre table et mélangez-les consciencieusement. Placez-les en cercle comme lors de la première séance sur le pourtour de la table.

Puis, à partir de l'un quelconque de ces cartons, numérotez-les : 1, 2, 3, etc. Demandez aux participants de mettre à nouveau les index sur le verre et de se concentrer. Dans ces conditions, la plupart du temps le verre ne se déplace plus guère.

S'il se déplace, notez sur une feuille les numéros vers lesquels il se dirige (7, 28, 4, 31, 8, 8, 12...) en réponse ou non à une question et continuez la séance normalement jusqu'à la fin. À ce moment-là, retournez tous les cartons qui vous permettent d'établir le code, c'est-à-dire la correspondance entre un numéro et un symbole (7 = P, 28 = S, 4 = I...).

Les messages spirites seront devenus incohérents. En tout cas, c'est toujours ce qui s'est produit lorsque nous avons utilisé ce système de petits cartons.

S'il ne vous convient pas, ou que le parapsychologue présent se rappelle subitement avoir lu quelque part que les esprits pouvaient être allergiques au carton et donc que ce matériau était à proscrire dans ce type d'expériences, allez chercher quelques cagoules de tissu. Nous supposons que vous n'êtes pas tout nus autour de la table et donc, portant déjà du tissu sur vous, le parapsychologue ne verra pas d'inconvénient pour les esprits à ce que vous en portiez un peu plus.

Les cagoules sont, à titre d'exemple, en toile noire double épaisseur pour être sûr de leur opacité[12]. À la base, un petit lacet passant dans un ourlet permet de serrer – pas

12. Sinon l'idéal est de mettre, entre les deux épaisseurs de tissu, une fine feuille d'aluminium pour l'emballage alimentaire. Attention que le parapsychologue n'objecte pas subitement que l'aluminium est un réflecteur d'ondes spirites ou ne laisse pas suffisamment passer les ondes psychiques.

trop fort – autour du cou. Et une fente sera ménagée à l'arrière pour les anxieux et ceux qui auraient des problèmes de respiration.

Vous tirez au sort deux personnes qui seront les secrétaires de séance. Muettes comme des carpes, elles noteront tous les déplacements du verre. Puis vous recommencez la séance suivant les mêmes modalités que la première fois.

Pour notre part, plus aucun message cohérent ne nous est parvenu avec les cagoules.

Évidemment, rien n'empêche de combiner les deux types de contrôle, à savoir les cagoules sur les têtes *et* les cartons numérotés.

Faites tourner les tables

Mettez-vous autour d'une table et posez les mains sur le plateau de celle-ci. Vous pouvez former ce qui s'appelle une « chaîne » : les pouces d'une même personne se touchent et les auriculaires sont au contact de ceux des deux voisins. Mais ce n'est en rien obligatoire et ne se fait que rarement. Invoquez l'esprit ou concentrez-vous pour que le fluide psychokinétique de l'un des participants se manifeste. Si l'esprit est là ou que le fluide psychokinétique est suffisant, la table effectue un tout petit déplacement ou se soulève d'un côté[13].

Pour ce type d'expériences, le contrôle, à faire dans un deuxième temps si et seulement si l'esprit s'est manifesté la fois précédente dans l'expérience classique, est relativement simple. Il suffit de disposer une plaque de bois bien propre ou de carton lisse un peu épais sur la table et d'intercaler, entre cette dernière et la plaque, quelques billes en verre dont se servent les enfants pour jouer.

Ainsi, le frottement de la plaque contre la table est considérablement réduit. De telle sorte que, si un pur esprit se manifeste et fait bouger la table, celle-ci bougera et son déplacement par rapport aux mains restées dans la même position s'observera facilement car les billes auront roulé sur elles-mêmes. Le déplacement peut évidemment s'observer directement par rapport à un repère comme une fenêtre ou une porte.

Si un participant pousse discrètement la table ou si ses mouvements musculaires inconscients faisaient mouvoir la

---

13. Les guéridons – surtout à trois pieds – sont beaucoup plus sensibles au fluide spirite. À moins que ce ne soit tout simplement que leur « polygone de sustentation » soit plus petit que pour une table à quatre pieds…

table, le résultat sera différent puisque la table ne bougera pas du tout tandis que la plaque se déplacera facilement sur les billes mettant ainsi en évidence son mouvement et donc la source de la force.

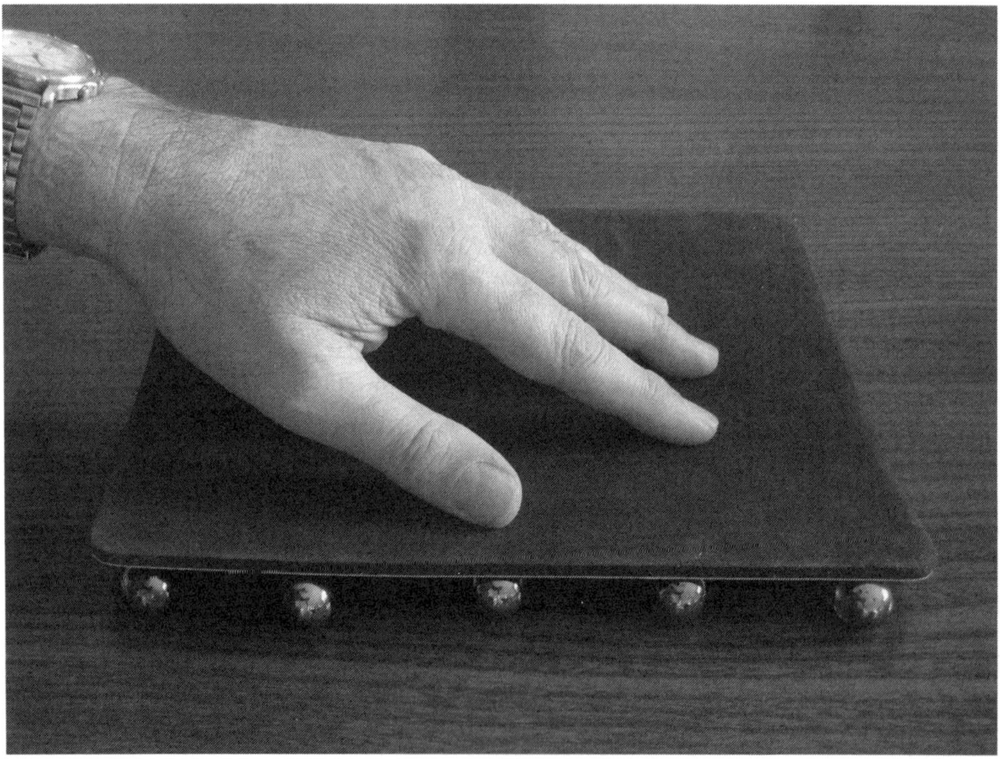

Si vous n'avez pas tout votre attirail de chasseur de fantôme avec vous, il vous est toujours possible d'improviser. Demandez simplement deux feuilles de papier et du savon sec. Il suffit de frotter un peu de savon sur les deux feuilles puis de les mettre en contact par leur côté savonné et de placer le tout sur la table. Les mains peuvent alors être replacées et la séance recommencer.

« Esprit es-tu là ? »

S'il est là et que la table se déplace, ce sera la feuille du *dessous* qui bougera par rapport à celle de dessus. Si, par contre, loin d'être un pur esprit désincarné, il s'agit d'un mouvement musculaire (conscient ou non, c'est un autre problème) exercé par un des participants, ce sera alors la feuille de *dessus* qui se déplacera, trahissant ainsi l'origine de la force appliquée.

Vous pouvez évidemment appliquer cette astuce au verre oui-ja dont il était question précédemment. Placez sur le verre renversé deux petits bouts de carton ou de papier préalablement savonnés à sec et mis en vis-à-vis. Les participants placent alors leur index sur le papier supérieur.

Si l'un d'entre eux pousse un peu le verre, vous savez maintenant ce qui va se passer...

De fabuleux mécanismes

Les tables tournantes ne datent pas d'hier et les instruments de divination ou d'invocation des esprits ne se sont guère améliorés au cours des siècles. Ceux dont nous venons de parler sont de la plus haute antiquité. Le spiritisme, fondé par les sœurs Fox, Margaret et Kate, aux États-Unis, en a lancé la mode au XIXe siècle.

Les Anciens ont même construit des appareils qui secondaient, le cas échéant, les esprits ou mieux encore les puissances divines défaillants.

Héron est un philosophe-physicien alexandrin qui a écrit il y a deux mille ans plusieurs traités dont quelques-uns sont parvenus (en partie tout au moins) jusqu'à nous. Il s'est intéressé à des domaines très variés : la mécanique, les machines de traction et d'élévation, les machines de jet, les cordes ou les courroies pour la transmission des mouvements, les horloges à eau, la recherche des sources, l'optique, la géométrie, etc. Ses textes nous permettent ainsi d'évaluer le niveau atteint par les techniques de son époque. Ses descriptions de machines merveilleuses éclairent également sous un jour nouveau les miracles rapportés depuis l'Antiquité.

Un seul exemple tiré de ses *Pneumatiques* suffira pour notre propos : l'ouverture automatique des portes de temple[14].

14. Pour plus de détails et d'autres exemples de mécanismes de Héron d'Alexandrie avec leur explication, *cf.* H. Broch, *Au cœur de l'extra-ordinaire*, *op. cit.*, p. 320-327.

Si vous ne pouvez imaginer la scène, les illustrations qui suivent vous aideront[15].

À la tombée du jour, la foule s'assemble et se recueille. Dans la pénombre ambiante, le prêtre s'approche, gravit les marches et allume un feu sur le petit autel qui se dresse devant les portes fermées du sanctuaire de la divinité.

Après quelques invocations et prières, un grincement se fait entendre et les portes du sanctuaire s'ouvrent lentement, mystérieusement, sans l'aide de quiconque.

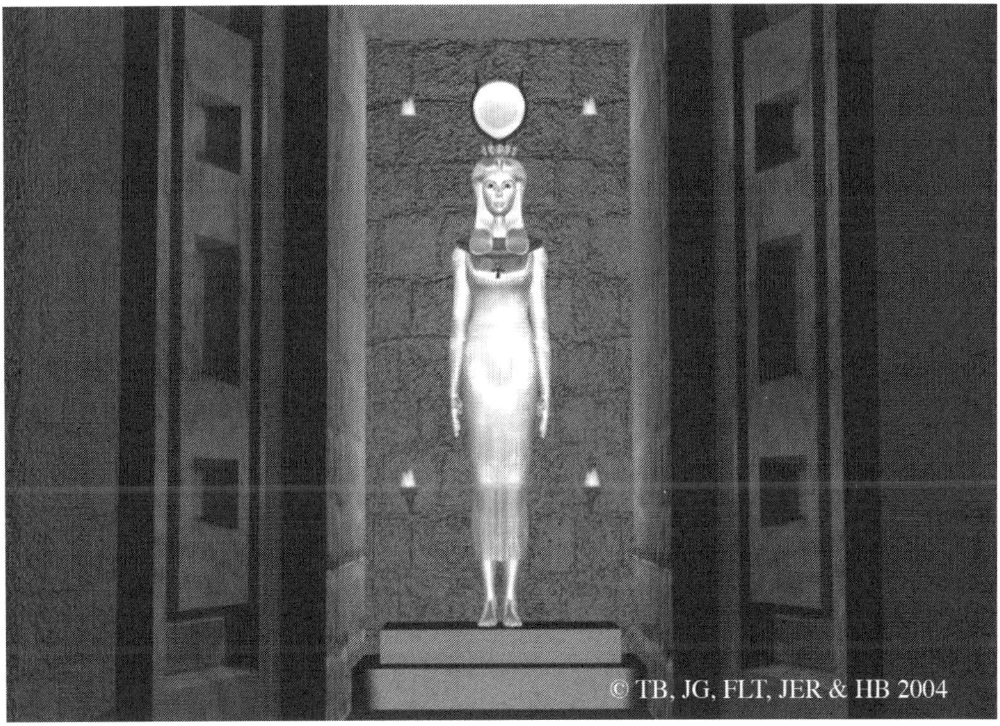

15. Ces images sont extraites d'un film d'animation de quelques minutes réalisé par Thomas Bouveret, Julien Galey, Frédéric Lai Tham et Jean-Emmanuel Riccio sur une idée d'Henri Broch.

Dans toute sa majesté, la statue de la déesse est ainsi dévoilée aux yeux de ses adorateurs et, sous son égide, les diverses cérémonies peuvent commencer.

À la fin des cérémonies, les portes se referment de manière tout aussi fabuleuse…

Vous pouvez imaginer l'effet produit par de tels prodiges sur les fidèles assemblés dans les grandes occasions. Effet garanti ! Les portes se sont ouvertes sans l'aide de personne, *donc* – penseront nécessairement les fidèles – par une intervention divine.

Et pourtant, il y a une explication beaucoup plus simple que l'action d'une puissance céleste. Héron d'Alexandrie nous la donne en détail.

L'autel sur lequel le prêtre allume le feu est creux. Un tuyau part de sa base et traverse le sol pour rejoindre une pièce souterraine dont les fidèles ne connaissent pas l'existence mais dans laquelle Héron nous fait jeter un coup d'œil.

Le tuyau de l'autel débouche (*cf.* dessin ci-dessous) sur une sphère métallique S remplie à moitié d'eau et de

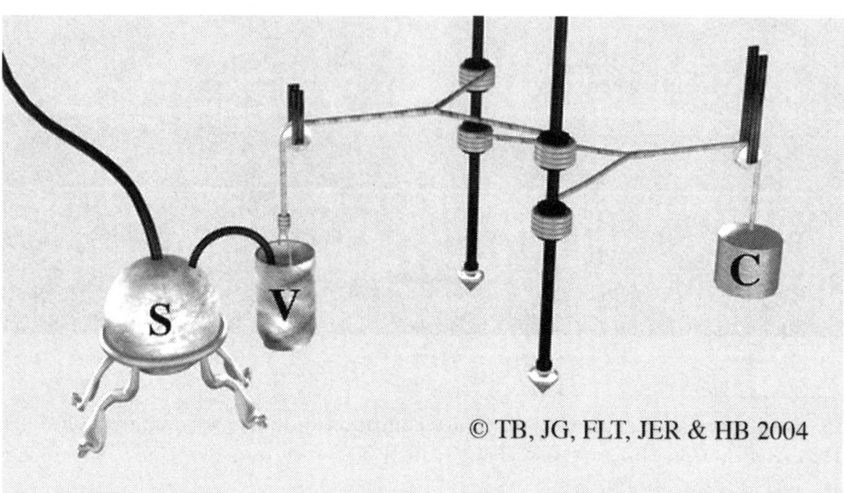

laquelle part un siphon recourbé dans un vase V. Ce vase est soutenu par une corde qui passe sur une poulie avant de se diviser en deux parties. Chacune vient s'enrouler autour d'un axe vertical. Ces deux axes traversent le plafond de la cave et se prolongent en gonds des portes du sanctuaire situé juste au-dessus. De ces deux axes partent également deux cordes qui se rejoignent pour n'en former plus qu'une passant sur une poulie et accrochée à un contrepoids C.

Lorsque le prêtre allume le feu sur l'autel, l'air contenu dans celui-ci se dilate et exerce une surpression sur l'eau de la sphère qui passe par le siphon et remplit le vase ; celui-ci, alourdi par la masse d'eau, entraîne alors dans sa descente les cordes, faisant tourner les axes et ainsi ouvrir les portes à l'étage au-dessus. Entre-temps, le contrepoids est soulevé par l'ouverture des portes.

À la fin des cérémonies, lorsque le prêtre éteint le feu sur l'autel, le phénomène inverse se produit. L'air refroidi diminue de volume ; l'eau du vase repasse par le tube siphon, resté au contact de l'eau, dans la sphère. Le vase s'allège, le contrepoids descend et entraîne la fermeture des portes.

C'est tout de même extraordinaire, n'est-ce pas ?

Héron d'Alexandrie nous rapporte dans ses *Pneumatiques* de nombreuses autres machines existant à son époque :

- Un vase qui fait entendre le chant d'une mésange ou un sifflement lorsqu'on y verse de l'eau.
- Un vase d'où s'écoule une quantité d'eau proportionnelle aux pièces de monnaie insérées. Un vrai distributeur en somme…
- Des figures qui exécutent une ronde lorsqu'un feu est allumé sur l'autel.
- Des statues d'animaux qui crient et boivent.
- Un extracteur de pus, une seringue.
- Un orgue hydraulique.
- Un appareil qui fait tenir en l'air des boules légères sur un jet de vapeur.
- L'éolipyle, la célèbre (première ?) machine à vapeur.
- Une lampe qui s'entretient d'elle-même : au fur et à mesure que l'huile se consume, la mèche avance !
- Des réservoirs à air comprimé pouvant projeter du liquide.
- Des pompes aspirantes et refoulantes qui peuvent projeter l'eau dans une direction quelconque grâce à une tête orientable ; on s'en servait dans les incen-

dies ; elles furent introduites en France au XVIIe ou XVIIIe siècle.

– Une ventouse qui aspire sans le secours du feu : le principe de l'« aspivenin » deux mille ans avant la lettre.
– Un appareil solaire qui laisse couler de l'eau dès qu'il est frappé par les rayons du Soleil, etc.

Toutes ces machines fonctionnent simplement par échauffement ou refroidissement de fluides comme l'eau ou l'air, avec des variations de pression et des déplacements de corps massifs ou de liquides.

Des vases miraculeux

Dans le cas précédent, ce sont les traités d'un physicien de l'Antiquité qui nous sont parvenus et nous font connaître le mécanisme d'effets extraordinaires. Avec les vases magiques, nous avons plus encore, nous avons les objets mêmes.

Le vase magique exposé à l'Archeologisch Museum der Universiteit van Amsterdam, musée Allard Pierson à Amsterdam, est l'un des plus vieux accessoires truqués que l'on connaisse[16]. C'est un petit vase en argile brun clair couvert de motifs peints en noir brunâtre. Sa fabrication est attribuée à un atelier d'Étrurie méridionale du IVe siècle avant notre ère.

Ce qui rend ce vase magique, c'est qu'on peut verser, *à la demande*, par le même orifice deux liquides différents, comme de l'eau et du vin. Et ce qui est encore plus surpre-

16. *Cf.* H. Broch, *Au cœur de l'extra-ordinaire*, *op. cit.*, p. 327-328.

nant, c'est que ce vase magique n'est pas unique, il en existe un autre quasiment identique, originaire très certainement du même atelier antique, étiqueté *Trick amphora Rhyton* au musée des Beaux-Arts de Boston[17], et daté de 370-350 avant notre ère.

17. Nous remercions M. B. Comstock, conservatrice associée du musée de Boston, pour les renseignements fournis sur cette fort belle pièce, ainsi que M. H. E. Frenkel, conservateur du musée d'Amsterdam, pour toutes les informations et photographies aimablement fournies sur le vase magique.

Ces vases, bien que d'apparence anodine[18], justifient leur caractère magique du fait qu'ils sont constitués de deux compartiments internes[19] pouvant contenir deux liquides différents. Tout l'intérieur du compartiment central est vernissé noir, ce qui constitue un camouflage parfait du trucage. La commande de l'écoulement d'un liquide ou de l'autre, de leur mélange ou d'aucun des deux, se fait simplement par le jeu des doigts libérant ou obstruant de petits trous situés sur le dessous des anses du vase. Ils laissent ainsi passer ou non l'air pour permettre ou empêcher l'écoulement des liquides. Rien de bien difficile donc pour transformer un liquide en un autre !

Mieux que Da Vinci Code

Le *Da Vinci Code* de Dan Brown est une histoire romanesque tissée sur une trame de mystères que l'auteur a empruntés à *L'Énigme sacrée* de Michaël Bagent, Richard Leigh et Henry Lincoln[20] et dont l'origine est la célèbre énigme de Rennes-le-Château qui consistait à découvrir comment son mystérieux abbé millionnaire Bérenger Saunière avait fait fortune. En fait, l'origine de cette fortune est connue depuis longtemps et un excellent travail de

18. Une amphore de transport de forme ronde se terminant par un bouton ; fonctionnalité double, la meilleure dénomination en est donc « amphore-rhyton ».
19. Le vase de Boston a été radiographié de même que celui d'Amsterdam, bien que son intérieur soit déjà connu – il était cassé et, avant restauration, un tesson assez important pouvait être enlevé et laisser voir l'intérieur et son trucage –, en mars 1998 pour avoir une information plus précise sur l'intérieur.
20. M. Bagent, R. Leigh et H. Lincoln, *The Holy Blood and the Holy Grail,* J. Cape, 1982, tr. fr. *L'Énigme sacrée,* Pygmalion, 1983.

recherche et de recoupements avait confirmé un trafic de messes[21].

Si donc les mystères du *Da Vinci Code* sont un peu éculés, quelque chose reste néanmoins vrai : outre ses trésors mondialement connus, le Louvre possède également dans ses galeries de bien mystérieux objets.

En effet, dans une salle du Louvre consacrée à la céramique corinthienne est exposé un curieux petit vase[22], encore plus ancien que le vase magique du musée d'Amsterdam. Cette jolie pièce est formée d'un comaste, un personnage à cheveux longs et drus, peut-être un satyre dionysiaque, tenant un vase à deux anses et à large ouverture, un cratère, et décoré d'un défilé de cavaliers. Le personnage et le vase reposent sur un socle circulaire creux au centre.

Photos : H. Broch.

Ce vase peut facilement passer pour *inépuisable*. Il est en effet percé au fond d'un petit trou qui communique à tra-

21. J.-J. Bedu, *Rennes-le-Château. Autopsie d'un mythe*, Loubatières, 1990.

22. Signalé par Fanch Guillemin dans *An Illustrated History of White Magic before Robert-Houdin*, Ar Strobineller Breiz, 2002. Pour un voyage au cœur de la magie traditionnelle et de la sorcellerie à travers le monde, *cf.* F. Guillemin, *Les Sorciers du bout du monde*, collection « Zététique », éd. Book-e-book, 2003.

vers le socle en anneau avec l'intérieur du corps du personnage dont on voit de profil qu'il est particulièrement ventru. Le passage de cette réserve de vin, ou de tout autre liquide, dans le vase même est commandé par le passage de l'air dans deux trous, l'un situé sur le sommet du crâne et l'autre dans le dos[23].

Photo : H. Broch.

23. Nous remercions Martine Denoyelle, conservateur du musée de Louvre, Département des antiquités grecques, étrusques et romaines, ainsi que la restauratrice Christine Merlin pour les informations qu'elles nous ont transmises sur ce vase à surprise. Grâce à elles, nous avons pu déterminer la structure interne du satyre buveur et en comprendre le fonctionnement de manière plus claire.

Nous pouvons imaginer l'effet produit lorsqu'on retirait ou versait de ce vase une quantité de liquide beaucoup plus importante que ce que son volume apparent laissait supposer. Ou qu'un liquide se changeait subitement en un autre.

Et cette pièce du groupe des comastes en provenance de Corinthe est datée de 600-575 avant notre ère !

Il existe à l'heure actuelle en Italie de curieux pichets. Ils ne sont pas exclusifs à une région ni même à ce pays car les *pichets trompeurs* ont depuis fort longtemps essaimé de par le monde. Celui que nous avons trouvé dans la charmante petite ville de Chiavenna, au-dessus du lac de Côme, pro-

vince de Sondrio, semble provenir d'Imola en Émilie-Romagne. Il date de quelques décennies et porte fièrement l'inscription *Bevi se puoi*, « Bois si tu peux ».

Destiné à contenir du vin, le pourtour inférieur du col est percé de larges ouvertures. Nul ne pourra porter ce pichet à la bouche sans s'inonder copieusement du liquide désiré.

Exactement comme dans les vases précédents, c'est une astuce très simple, fondée sur la possibilité de laisser passer l'air ou non, qui fait fonctionner le pichet. La technique consiste à placer ses doigts à un endroit bien précis afin d'obstruer un petit trou d'aération situé sur le conduit dissimulé dans l'anse et le bourrelet supérieur du pichet. Lorsque ce petit trou est bouché, si l'on aspire par le bec situé à l'extrémité du bourrelet supérieur, on crée une dépression qui fait remonter le liquide dans le conduit. On peut alors le boire.

Évidemment, si l'on n'est pas dans le secret, on peut certes avoir l'idée d'aspirer à l'extrémité du bourrelet, mais en vain car le trou restera ouvert et l'on n'aspirera que de l'air.

Vase magique d'Étrurie, *pichet trompeur* d'Imola : à vingt-quatre siècles d'intervalle, dans le même pays, l'astuce ancestrale s'est conservée. Admirable, n'est-ce pas ?

Chapitre 7

AUTRES MYSTÈRES

Faites vos jeux

Concentrez-vous et observez ci-après le petit groupe de quatre cartes de l'Institut de parapsychologie fondé par Joseph B. Rhine, la Mecque des parapsychologues.

Une carte a été pivotée.

Votre fluide puissant, qui vous permet de détecter la rémanence psychosensorielle qui a imprégné durablement la carte touchée et demeure perceptible aux sujets psi, vous permet-il de dire laquelle de ces cartes a été pivotée et n'est donc pas dans le même sens que les autres ?

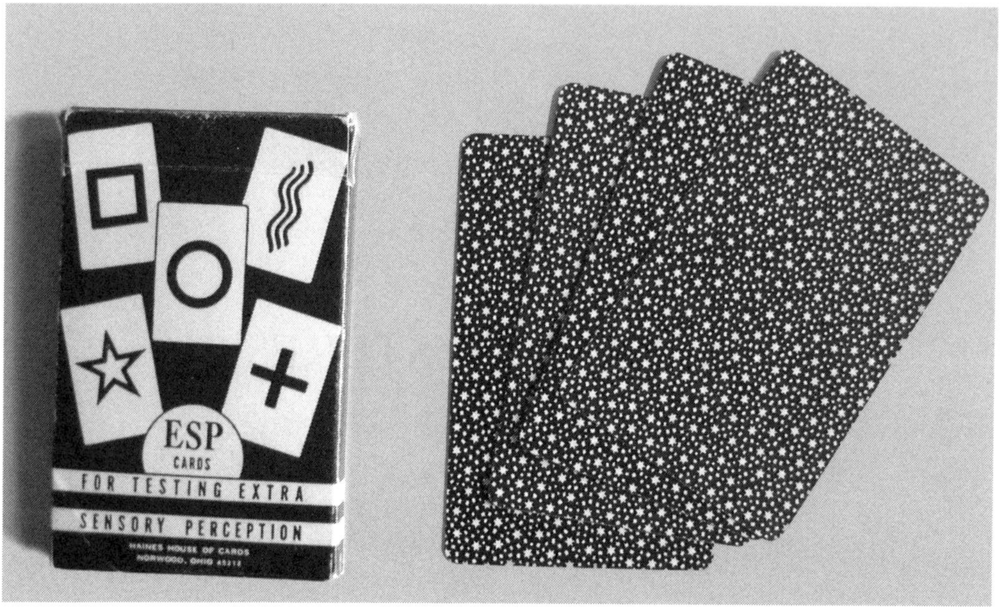

Si vous ne voyez pas très bien parce que la reproduction est trop petite, vous trouverez à la page suivante une photo des seules cartes.

Vous dites que la deuxième carte en partant de la gauche a été pivotée ?

C'est exact !

Félicitations ! Les chercheurs de l'institut de parapsychologie le plus célèbre au monde vont se livrer à de savants calculs statistiques prouvant sans l'ombre d'un doute que vous avez de forts pouvoirs psi.

En réalité, comme vous venez de le voir, le dos de ces cartes n'est pas symétrique.

Nous avons de nouveau acheté des cartes Zener à cet institut en 2000, après avoir acheté en 1994 celles que vous venez d'observer. Certainement pour répondre aux remarques que nous avions faites, les responsables de cet institut

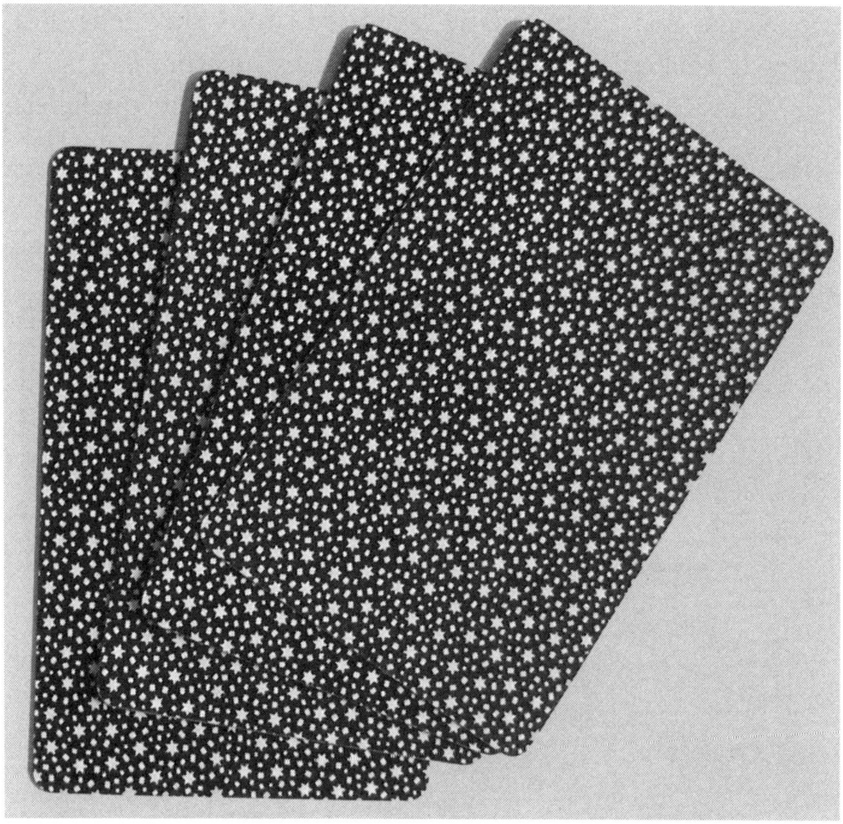

ont cherché à améliorer leurs cartes de Zener en leur ajoutant une bordure unie[1].

Mais ils ont conservé le même défaut du dos non symétrique. C'est à désespérer des parapsychologues.

Et, *last but not least*, un collaborateur de notre laboratoire a encore acheté un jeu début 2005. Et malgré les remarques qui leur ont été faites, le même défaut est toujours *présent* !

1. Afin de ne pas poursuivre encore pendant des décennies l'erreur d'avoir un dos de carte dont le dessin s'étende jusqu'à la tranche créant ainsi un véritable code-barres sur la tranche du jeu.

Jugez par vous-même avec ce nouveau petit test. Faites-le réellement, vous verrez qu'il est instructif.

Dans le paquet suivant de cartes de l'Institut, quelle est, d'après vous, celle qui a été pivotée ?

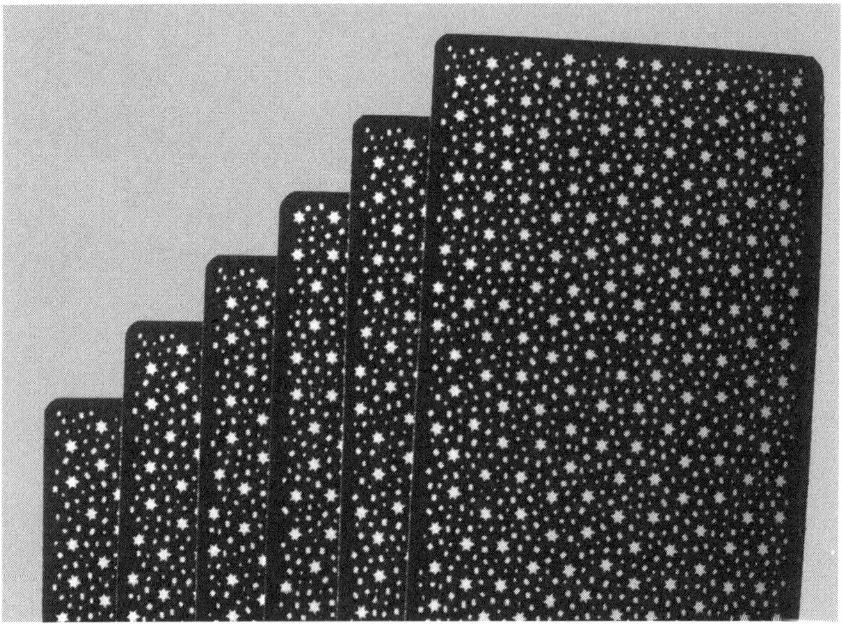

La quatrième en partant de la gauche ?

C'est exact !

Mais cette fois, nous sommes presque sûrs que vous avez trouvé immédiatement.

Une accoutumance peut-être ? Regardez encore une fois le motif et comparez-le avec le précédent : il est objectivement plus facile maintenant de reconnaître la carte cherchée. En voulant faire mieux, les parapsychologues ont fait pire qu'avant.

Et ce sont *de telles* cartes qui ont servi et servent encore à tester les pouvoirs de perception extrasensorielle. Si l'on voulait aider les pauvres médiums ou sujets psi aux pouvoirs défaillants, on ne s'y prendrait pas autrement ! Répétons cette règle minimale qui doit être appliquée quel que soit le domaine d'études : dans un laboratoire scientifique, on ne travaille pas avec des éprouvettes sales.

Et que l'on ne prétende pas que dans toutes les expériences de l'Institut de J. Rhine les expériences se faisaient sans que l'on voie le dos des cartes. Cela est *faux*. Force est de convenir que la fraude peut être une des sources majeures de résultats positifs en parapsychologie. On a vu le cas de Joseph B. Rhine ne publiant dans son *Journal of Parapsychology* que les résultats positifs de ses expériences. Mais il y a eu pire dans la même institution.

Walter J. Levy, directeur de l'Institut de parapsychologie de Durham, en Caroline du Nord, choisi comme successeur par Rhine en personne, était très réputé dans le domaine psi pour ses recherches « soigneusement contrôlées » sur les pouvoirs paranormaux des animaux[2]. L'une de ses premières expériences fut une réplication de travaux sur le pouvoir de précognition des petits rongeurs menés à l'origine par deux Français. Levy eut cinq années de succès jusqu'au jour où l'un de ses assistants, Jerry Levin, remarqua quelques bizarreries. Il en discuta avec deux membres de l'équipe et tous trois décidèrent d'enquêter.

Alors que le directeur testait l'aptitude psychokinétique des rats à altérer un générateur aléatoire, ils observèrent secrètement Levy et le virent gonfler les résultats des rongeurs. Ils installèrent à son insu une batterie d'instruments en double afin d'enregistrer les scores exacts et prirent ainsi leur directeur en flagrant délit de fraude. Preuves irréfutables

2. Pour les détails de cette affaire, *cf.* H. Broch, *Le Paranormal*, *op. cit.*, p. 90-92.

en main de la falsification délibérée de résultats expérimentaux, les trois chercheurs en parlèrent alors à Joseph B. Rhine et à sa femme. Celui-ci convoqua Levy qui « au bout de quelques minutes reconnut les charges qui pesaient sur lui et presque sans autre discussion offrit sa démission ». Et Rhine fut obligé de publier deux rapports dans le *Journal of Parapsychology* disqualifiant les travaux de Levy.

Signalons que l'expérience des deux Français en question qu'avait voulu reproduire Walter Levy n'a, à notre connaissance, *jamais* été refaite[3]. Des souris sont placées individuellement dans une cage dont le sol est divisé en deux parties : la souris est libre d'aller dans une partie ou dans l'autre. Un appareil électronique sélectionne, de manière aléatoire, l'une de ces parties et envoie un courant électrique dans le sol. Cette décharge aléatoire sur l'une ou l'autre des parties est renouvelée systématiquement. L'expérience est censée avoir démontré statistiquement que les quatre souris testées *anticipent* – par leur pouvoir de précognition – *le choix aléatoire de l'appareil* et, afin de ne pas subir de chocs électriques, sautent dans la partie qui ne recevra pas de courant.

Les signataires conclurent que « l'analyse n'a pas montré d'effet significatif ». Je répète : *pas* d'effet significatif. Mais ils ajoutaient : « Il fut donc nécessaire, de manière à détecter une manifestation possible du psi, d'isoler du bruit de fond les réponses qui n'étaient pas purement mécaniques ou facilement explicables par les lois classiques de la physiologie. » Ce tri, évidemment objectif, fut donc effectué et, de

3. La publication en 1968 dans le *Journal of Parapsychology* de cette expérience française sur des rongeurs dotés de pouvoirs psi était signée P. Duval et E. Montredon. Deux pseudonymes : Pierre Duval, c'est-à-dire Rémy Chauvin. Et l'expérience a été faite par un de ses élèves, Evelyn Montredon dont nous ignorons le véritable nom.

10 000 à 14 000 essais, seuls 612, j'y insiste *six cent douze*, furent retenus.

Six cent douze essais qui – comment vous l'aviez deviné ? – démontrèrent clairement que les souris possèdent de forts pouvoirs de perception extrasensorielle. Et la découverte allait faire le tour du monde.

Laissons à Rhine le dernier mot dans cette affaire : « Il n'y a pas de doute que le caractère révolutionnaire du psi rend une preuve décisive très difficile à produire, en contraste avec ce qui se passe en sciences physiques. »

Qu'en termes galants ces choses-là sont dites[4].

La maison hantée

Dans le hameau d'un paisible village de l'arrière-pays niçois, existait en 1995 une maison hantée[5]. Une vraie. C'est notre ami Didier le boulanger qui nous l'a signalée et qui nous a accompagnés dans la visite que nous avons faite de ce lieu particulier.

La maison est habitée par un couple avec trois filles et un bébé. Trois ans de travaux, mais la demeure est inachevée : échafaudage en fer et bois, madrier et planches diverses cernent encore la maison, les volets ne sont pas posés et les ouvertures sont pour l'instant fermées par des plastiques souples.

La quiétude de cette famille est mise à rude épreuve par des bruits sourds, répétés, frappés sur une paroi. Ils se font entendre sans qu'une origine quelconque puisse être repérée. Habitant tout à côté, le frère du mari a constaté lui

4. Molière, *Le Misanthrope*, acte 1, scène 2.
5. *Cf. Science extrême*, n° 2, novembre-décembre 2003, p. 16.

aussi ces coups à l'origine mystérieuse. On nous raconte qu'une machine à laver s'est même déplacée de plus de 30 cm, que du linge qui était dans une pièce s'est retrouvé dans un couloir… Les bruits semblent provenir du mur d'une chambre.

Durant notre visite, nous apprenons qu'un radiesthésiste est déjà passé il y a quelque temps. Sa « médaille » est pendue sur un mur de la chambre hantée, destinée à supprimer les ondes négatives et à revitaliser le lieu. Il y a du sel sur le sol dans toutes les pièces pour chasser les mauvais esprits. Mais pas plus que la médaille du radiesthésiste, il n'a eu beaucoup de succès.

Lors de notre tour externe de la maison, nous apprenons par les maîtres du lieu que des ossements ont été trouvés sur le terrain : le mystère en devient encore plus ténébreux…

Mais la clef de l'énigme n'est peut-être pas trop loin. Nous nous sommes en effet aperçus qu'un tube de l'échafaudage sur la façade était un peu encastré dans le mur extérieur de la chambre hantée. Un long tube d'acier de près de 60 mm de diamètre, fixé par une noix à un autre élément tubulaire de l'échafaudage, lui-même pris en force sur d'autres points (*cf.* croquis page suivante). Des traces de ripage dans l'encastrement complétaient le tableau.

Nous vous laissons imaginer ce que le dieu solaire Phoebus pouvait imposer à ce pauvre tube d'acier par les belles journées que nous connaissons sur la Côte d'Azur, où les nuits peuvent être fraîches. De dilatation en rétraction, l'esprit se manifestait.

Sur nos conseils, le tube a été enlevé. Et les coups mystérieux n'ont, à notre connaissance, plus jamais été entendus. Bien sûr, cela ne signifie pas nécessairement que le tube était la solution, il y a des tas d'autres possibilités que l'on

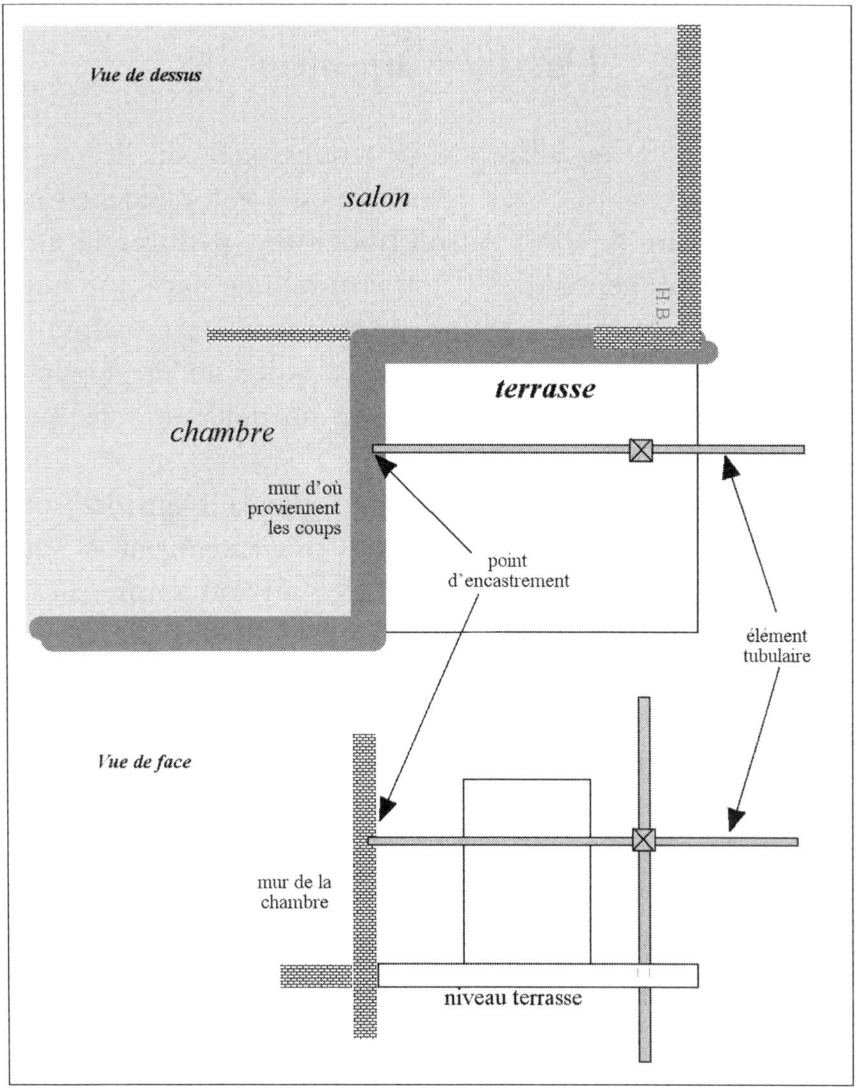

peut parfaitement envisager. Il est possible que, à notre insu, notre puissant fluide psychique parapsychologique ou celui de Didier ait terrassé le fantôme du lieu aussi sûrement que l'eau bénite réduit les vampires à néant. Mais autant choisir la plus simple. C'est ce que prône le principe de parcimonie des hypothèses ou du « rasoir d'Occam ».

Un chien arpenteur

C'est donc en allant sur le terrain que l'on découvre des choses extraordinaires. Mais il n'est pas forcément toujours nécessaire de sortir de son laboratoire, parfois une simple écoute des gens suffit. C'est ainsi qu'une personne nous a fait connaître une chose absolument extraordinaire puisqu'il s'agit ni plus ni moins de ce qu'on aurait pu appeler une transmission de pensée entre un objet – je dis bien « un objet » – et un animal !

« J'ai possédé et beaucoup aimé pendant quatorze ans un magnifique setter irlandais, L., très intelligent et qui comprenait des phrases entières. Ce qui me surprenait le plus, puisqu'il couchait dans ma chambre, c'était que, à chaque fois que je mettais mon réveille-matin, que ce soit à 6 h ou à 8 h ou à n'importe quelle heure, L. venait me réveiller en me bousculant du museau environ 30 secondes avant, oui *avant*, que le réveil ne sonne. Pendant des années je me suis émerveillé de son extraordinaire intelligence qui, à l'évidence, lui permettait de lire la petite aiguille sur le cadran ! Jusqu'au jour où, par je ne sais quelle coïncidence, j'étais déjà réveillé avant l'heure prévue : j'ai alors perçu un petit bruit presque imperceptible, l'échappement du levier d'un engrenage, quelques secondes avant que le mécanisme sonore ne retentisse. C'est cela qui réveillait L. ! »

Par contre, un autre mystère concernant ce même animal nous pose une colle et ne nous laisse d'autre alternative qu'avouer notre ignorance. En effet, lorsque le propriétaire de ce chien descendait avec lui en voiture de la région parisienne vers la Provence ou le pays Basque, l'animal, qui dormait sur la banquette arrière, se réveillait, sans exception et quelle que fût la destination, une trentaine de kilomètres avant l'arrivée !

Voilà qui nous force à la modestie et nous donne l'occasion de reconnaître évidemment que nous sommes loin de tout savoir. Dupont et Dupond diraient même plus : « Nous savons peu de choses mais nous savons déjà que nous savons peu. »

En revanche, ce que nous savons, c'est identifier les fraudes. Nous avons reçu de Londres un document tiré d'une revue destinée à la communauté française de la capitale britannique. Nous vous laissons juges de cette « science du futur » – une médecine qui soigne sans médicament, sans effet secondaire et uniquement avec des résultats positifs. La panacée, en quelque sorte.

« Question Santé. La bio-résonance.

« Thérapie bio-résonance. La thérapie de bio-résonance utilise les sons pour soigner. L'utilisation des sons pour soigner est très ancienne [...] mais la thérapie bio-résonance alliée à la technologie moderne est définitivement la science du futur... Pas de médicaments, pas d'effet secondaire, que des résultats positifs !

« Bio-Résonance est un autre mot pour Cymatic qui a été développé par le Dr. P. Manners M. D., D. O., L. B. C. P., Ph. D., F. I. C., T. M., D. D. (excusez du peu !).

« L'être humain en termes physiologiques peut être réduit en une collection de champs électromagnétiques, chaque atome est constitué de protons (chargés positivement), de neutrons (sans charge) et électrons (négativement chargés). Ainsi à un niveau atomique le corps est une masse d'énergies qui s'insufflent les unes les autres.

« Les champs électromagnétiques de la Terre sont influencés par l'interaction des planètes, ce qui conséquament (*sic*) influence le corps. L'environnement dans lequel nous vivons est rempli d'énergies déformées et non naturelles, par exemple les fours micro-ondes, les ordinateurs... tout ceci pollue les champs magnétiques naturels. La thérapie bio-résonance consiste à réharmoniser les énergies cellulaires ainsi qu'à rétablir les champs magnétiques. »

Ce discours vide de sens – un cas flagrant d'effet puits – n'en finit plus, sinon par la signature d'une « praticienne en bio-résonance ». S'il y avait un droit de propriété sur les termes scientifiques comme il y en a un sur les appellations de vins, cette entreprise serait certainement condamnée pour appellation frauduleuse. Employer des termes de physique comme « onde », « magnétisme », « longueur d'onde »... n'est-ce pas une fraude au moins aussi grave sinon plus au vu des répercussions que cela peut avoir sur la santé de la personne qui optera pour cette thérapie, que sur les appellations contrôlées ?

L'homme est en possession d'un trésor, son libre arbitre, qui lui donne la possibilité de choisir. Mais pour qu'il puisse faire un choix *réel*, il faut évidemment qu'il soit informé, complètement informé, correctement et objectivement informé. Il faut être informé de toutes les facettes d'un sujet pour choisir *en toute connaissance de cause*. C'est difficile, ce n'est même pas toujours possible si les informations ne sont pas toutes disponibles, mais cela passe en tout cas par la lutte contre la désinformation.

Initié par un maître tibétain

Monsieur X, magnétiseur-hypnotiseur qui sera inculpé de viols sur des clients masculins, s'était rendu célèbre comme « motard aveugle » au cours d'une émission de télévision. Avec du sparadrap, du coton et un bandeau sur les yeux, dans cet ordre précis et non dans celui auquel on s'attendrait naturellement, coton-sparadrap-bandeau plus obturateur, puis avec une cagoule qu'il se met lui-même sur la tête, il roule sur une puissante moto dans les rues de Paris. Plusieurs cameramen de TV le suivent eux aussi à moto. Le film de son exploit sera présenté dans une célèbre émission à large audience de la première chaîne.

On nous explique que « c'est à 4 ans qu'il est confronté à de premières sensations extraordinaires » et « qu'à 7 ans, il rencontre un maître tibétain qui lui enseigne le travail de maîtrise de l'esprit sur le corps ». « Dix caméras, trente-cinq techniciens qui l'ont assisté et un huissier peuvent témoigner qu'il n'y a pas supercherie ». Lui-même confie : « J'ai réussi à dissocier mon corps astral de mon corps visuel. Lorsque je roule à moto, je perçois la route comme s'il y avait une caméra à côté de moi [...] si ma "sortie de corps" est complète, je vois derrière moi. »

Plusieurs astuces élémentaires, dont certaines connues depuis des lustres, permettent de réaliser ce type d'exploit sans aucun pouvoir psi. D'ailleurs, tout de suite après l'émission, nous faisions nous-même une *démonstration de nos capacités tibétaines de décorporation* sur le campus de la faculté des sciences de Nice en conduisant une voiture dans les mêmes conditions que le « motard aveugle » avec sparadrap, coton, bandeau et cagoule sur la tête. La cagoule a même été contrôlée par plusieurs étudiants. Ceux-ci, parmi lesquels je ne comptais aucun comparse, avaient essayé la cagoule et garanti que l'on ne pouvait absolument rien voir à travers.

Aucun étudiant n'a été écrasé par l'auteur cagoulé dans son véhicule lors de cette folle équipée sur le campus. Et deux jours plus tard, nous faisions une autre démonstration, en amphithéâtre de nos capacités de décorporation et de vision paroptique et donnions à nos étudiants l'explication de l'expérience du motard aveugle.

Depuis, un mystérieux conducteur cagoulé a réitéré plusieurs fois la démonstration de ce type de conduite avec un véhicule d'une puissance dépassant les 200 chevaux[6], mais en respectant scrupuleusement les limitations de vitesse, sans aucun accident.

Bien sûr, monsieur X a peut-être de réels pouvoirs qui lui ont été réellement enseignés dans son plus jeune âge par un authentique maître tibétain. Mais encore une fois, le principe de parcimonie des hypothèses et l'explication par la physique naturelle nous incitent à préférer une solution plus terre à terre.

Suite au tollé provoqué par cette imposture du motard aveugle, les producteurs de l'émission ont fait une expérience de contrôle. L'obturation des yeux et le placement de la cagoule n'étaient plus réalisés par le médium lui-même.

6. Si vous estimez que, de la part d'un physicien, donner une valeur avec une telle unité n'est pas vraiment de mise, nous dirons : un véhicule d'une puissance dépassant les 150 kilowatts. Mais la clarté et l'intérêt du propos, qui étaient dans la comparaison avec d'autres engins motorisés habituels, risquent d'y perdre.

Broum, Broum ! Grimpé sur une moto, le médium fait quelques mètres, pas plus, et percute une voiture à l'arrêt. Un manque de fluide décorporant sans doute. Ce qui n'a pas empêché le présentateur de l'émission de déclarer doctement que la contre-expertise n'avait *pas* été concluante !

Nous ne voulons pas vous fournir l'explication et un patron de cagoule à réaliser vous-même pour épater vos amis lors d'une prochaine réception. Des tours fondés sur ce principe sont toujours exécutés à l'heure actuelle par des illusionnistes, véritables artistes qui ne prétendent nullement être dotés de pouvoirs paranormaux. Il est donc naturel de ne pas livrer leurs secrets, c'est-à-dire de ne pas donner l'explication complète. C'est pourquoi nous indiquons, pour

8516

LE MIROIR SPIRITE

Les Esprits existent... je les ai rencontrés !
C'est ce que diront vos spectateurs après avoir assisté à cette étrange expérience...

Vous montrez au public un beau miroir encastré dans un cadre en bois. Puis vous introduisez ce miroir dans une grande enveloppe en Kraft blond que vous faites d'abord examiner par le public. Cette enveloppe comporte une fenêtre au verso : les spectateurs voient donc toujours le miroir.

Passez maintenant dans les rangs du public et demandez qu'on vous inscrive 5 nombres de 4 chiffres sur un petit carnet. Faites additionner ces nombres par un sixième spectateur... Tout le monde retient son souffle... Esprit... es-tu là ..?

Sans attendre, retirez le cadre de votre enveloppe : sur le miroir, inscrit en caractères diaboliques, apparaît le résultat de l'addition !

Points forts :
Lorsque vous aurez retiré le cadre de l'enveloppe, le public peut voir celle-ci parfaitement vide à travers la fenêtre.

Aucune manipulation et aucun temps mort. Le matériel que nous livrons travaille pour vous.

Peut servir à quantité d'autres expériences : une carte normale se transforme en carte Jumbo, le portrait d'un personnage choisi par le public s'imprime mystérieusement sur le miroir, etc.

© Klingsor

3 tours pour le prix d'1 :
Réalisable en trois versions :
1. Miroir spirite (apparition de l'addition)
2. Une carte normale triple de grandeur
3. Apparition du portrait d'une vedette.

Nous livrons le cadre, miroir en plexiglas incassable de 26 × 20 cm, l'enveloppe, les accessoires et gimmicks correspondants à chaque version.

plexiglas transparent. Les dix cartes sont retirées et remises à un spectateur qui en choisit cinq **librement (pas de forçage).** Il vous rend les cinq autres. Vous disposez à nouveau sur le support en plexi les cinq cartes qui vous sont revenues. C'est alors – et seulement alors – que le spectateur vous remet ses cinq cartes.

L'une après l'autre, vous les disposez à leur tour sur la plaque de plexi, dans l'ordre où le spectateur le désire. Vous faites exactement comme il vous le demande ! Il n'y a pas de choix ambigu, ni autre artifice pour forcer quoi que ce soit... Cependant, une fois le support retourné vers les spectateurs, ceux-ci pourront constater avec stupeur que vos cinq cartes correspondent (et dans l'ordre !) à celles du spectateur.

Un effet facile à présenter. Un faiseur de réputation... et, ce qui est important, tout est bien visible, net, et sans bavure... Un effet que vous pourrez présenter dès réception !

CONDUITE SOUS HYPNOSE

D'UNE VOITURE LES YEUX BANDÉS

C'est toujours un événement médiatique et l'expérience fait souvent la « Une » des journaux tant l'exploit tient de l'incroyable !

Imaginez ça : vous vous faites bander les yeux par un spectateur. Une cagoule recouvre de plus votre tête pour vous plonger dans les ténèbres les plus noires. On vous guide vers une voiture. Vous prenez place au volant, mettez le contact, embrayez... et vous coulez dans le flot de la circulation à une heure de pointe.

Les obstacles sur votre route sont innombrables et pourtant vous les évitez tous ! Ici, c'est un cycliste que vous contournez à la dernière minute, là c'est une voiture que vous évitez de justesse, là encore c'est un piéton que vous laissez sagement traverser dans un passage protégé...

L'explication ? Simple : vous conduisez sous « hypnose » et recevez vos instructions par télépathie de votre passager.

Toute la ville en parlera et les journalistes attesteront que la prouesse est véritable (donc sans truc !) car ils ont eux-mêmes examiné tout votre matériel (bandeau, sac noir, etc.) sans rien trouver d'anormal !

Prix : 435 F TTC - Franco
Vous recevrez les explications détaillées, ainsi que le matériel nécessaire pour pouvoir réaliser à votre tour cette expérience.

Voilà une page fort intéressante du catalogue Super Magix n° 2, « Psi, tout l'univers du paranormal ».

les curieux, où la trouver dans les catalogues pour illusionnistes et magiciens, comme celui que nous reproduisons ici. Ils y trouveront plusieurs types de bandeaux et cagoules pour une « conduite sous hypnose ».

Nous attirons néanmoins l'attention sur le fait que, lancé par les feux de la rampe et les articles élogieux, le « motard aveugle » a pu, grâce à cette auréole publicitaire tressée par l'émission de télévision, ouvrir son cabinet de magnétiseur. Or, lorsque ce même magnétiseur a été mis en examen pour viols et agressions sexuelles, cela n'a fait l'objet que d'une « brève », sans rappel d'aucune sorte.

CONCLUSION

Comment comprendre qu'en 2005, dans une école primaire, un groupe d'élèves âgés de 9 à 11 ans parlent soit du signe de Satan, soit de l'histoire de la Dame Blanche ou encore de la grand-mère de l'un d'eux qui serait une « vraie sorcière qui peut jeter des sorts[1] » ? Comment ne pas être interloqué que des histoires d'un autre âge soient encore si vivaces ?

Loin de nous l'idée de prôner la suppression des livres de contes et de mythes qui peuplent les bibliothèques des enfants, voire des plus grands. Nous leur reconnaissons une valeur importante : plus encore que l'imagination, ces œuvres contribuent à la structuration de la personnalité, à l'intégration des valeurs éducatives. Elles ont une valeur morale irremplaçable.

Toutefois, nous sommes convaincus par cette injonction de Louis Figuier, l'un des meilleurs vulgarisateurs scien-

1. *Cf.* l'article de H. Broch, N. Péglion, L. Figuier, *in Lire au collège*, n° 72, 2005, p. 42-44, CRDP de l'académie de Grenoble.

tifiques du XIXe siècle : « Commencez par faire de solides esprits dès l'enfance, et vous ne manquerez jamais ni de poètes ni d'artistes[2]. ».

Or rien ne peut mieux répondre à cette injonction que donner aux enfants, dès leur plus jeune âge, le goût de la recherche. Et il y a deux conditions à cela. La première, c'est de mettre à leur portée les lois de la physique. La seconde, c'est de cultiver le scepticisme tempéré et le refus du dogmatisme, c'est-à-dire leur enseigner la zététique.

Jean Piaget, il y a une soixantaine d'années, rappelait déjà que le droit à l'éducation ce n'est pas seulement celui de fréquenter les écoles, c'est aussi le droit de trouver dans ces écoles « tout ce qui est nécessaire à la construction d'une raison agissante », car l'activité de l'intelligence pour mener à l'objectivité suppose nécessairement l'exercice de l'esprit critique ; et que cet exercice, et donc ce développement de l'esprit critique, peut faire que « le jour où les écoliers apprendront à penser [...] dans un tel esprit de discernement et de critique, les peuples eux-mêmes hésiteront davantage à se laisser mener précisément comme des écoliers[3] ».

Or la première cible de l'esprit critique nous semble être les pseudo-sciences. À cet égard, nous partageons le point de vue du généticien André Langaney : « Armer les élèves contre les pseudo-sciences, les parasciences et les anti-sciences est le premier devoir des enseignants dans un monde dominé par l'irrationnel vénal, la chasse aux scoops sans lendemain et les rumeurs incontrôlables. Enseigner que la science consiste à analyser, comprendre et vérifier avant de

2. L. Figuier, *La Terre avant le déluge*, Hachette, 1866.
3. J. Piaget, cité par Jean-Yves Cariou, professeur à l'IUFM de Paris, dans son module « La formation de l'esprit critique à l'école ».

croire ne va pas de soi quand les autoproclamées "plus prestigieuses" revues scientifiques, pour ne pas parler des revues de vulgarisation et de la grande presse qui les suivent aveuglément, ne cessent de titrer, à des fins commerciales, sur de prétendues découvertes dont la plupart ne seront jamais ni confirmées ni démenties, sinon par une histoire à venir[4]. »

La propagation de l'esprit critique *via* une large diffusion de la culture scientifique, c'est ce à quoi nous sommes plusieurs à travailler depuis fort longtemps avec comme unique objectif la popularisation de la science[5]. Et nous ne rompons pas de lances avec les tenants des phénomènes « paranormaux », ils ne sont dans notre esprit en rien des « opposants ». Notre objectif n'est pas de nous opposer à des individus mais de faire comprendre que leurs allégations ne sont pas fondées sur les bases invoquées et que leur démarche ne relève en rien d'une approche scientifique. Si quelqu'un désire vous entretenir sur la physique, il peut vous parler de Jean Perrin ou d'Henri Becquerel et de leurs expériences. S'il veut vous entretenir sur la torsion de clefs par l'esprit ou sur l'action moléculaire sans molécule, il vous parle des promoteurs de ces effets et de leurs expériences. Mais la grande différence entre les deux cas, c'est qu'on peut vous entretenir d'expériences sur les *mêmes* propriétés de l'atome *sans* avoir recours à Perrin ou Becquerel alors qu'en ce qui concerne les pseudo-sciences c'est quasiment impossible : le phénomène *disparaît* en effet avec l'individu ! Pour parler de ces phénomènes, il est donc *nécessaire* de parler des

---

4. A. Langaney, *in* préface au livre de Claudio Rubiliani, *Un autre regard sur la culture scientifique*, CRDP Poitou-Charentes, 2003.
5. « Développer l'esprit critique », rapport de H. Broch et D. Catta, *in* Colloque *Dimension sociale et culturelle de la recherche*, La recherche et la technologie en PACA, textes des Assises régionales, 1981.

personnes. Il ne faut bien sûr donner que les éléments (souvent occultés) qui permettent de se faire une opinion sur la compétence ou l'honnêteté intellectuelle de celui qui lance ces affirmations et donc une opinion sur la validité de l'affirmation elle-même. *En aucun cas* évidemment, il ne s'agit de juger l'*individu* en tant que tel.

Ruse de la raison ! La plus large diffusion de la culture scientifique que nous poursuivons de nos vœux peut être réalisée à l'aide des pseudo-sciences ! Leurs performances sont en effet nulles, aucun progrès ne peut leur être attribué, et pourtant, elles peuvent contribuer au progrès de la raison. S'il est assez difficile d'expliquer ce que la science est, il est en effet peut-être plus facile de montrer ce qu'elle n'est pas. Et, par là même, de faire comprendre les principes de base d'une véritable démarche scientifique.

Et peut-être, en tout cas nous le souhaitons fortement, éviter des drames comme les deux suivants.

L'actualité nous afflige en mai 2005 d'un procès consécutif à la mort d'un petit bébé mort de faim entre son père et sa mère « kinésiologues ». Mort de faim, bien que trois médecins homéopathes aient été consultés.

« Issus de milieux cultivés, P. et R. B., 47 et 45 ans, ont suivi des études scientifiques, l'une en licence de physique-chimie, l'autre dans une école d'ingénieurs électroniciens[6]. » Un grand quotidien régional rapporte même le 4 juin 2005 que la mère est actuellement en doctorat des sciences de... *l'éducation*. Qu'une mère ait laissé périr son bébé, qu'un père ne l'ait pas protégé, non pas faute d'amour mais à cause d'une croyance en une patamédecine charlatanesque (tous

6. F. Koch, *in L'Express* du 30 mai 2005.

nos maux physiques sont une question de tonus musculaire), en dit long sur la nocivité possible des pseudo-sciences.

Le second fait divers concerne une jeune religieuse bâillonnée et enchaînée à une croix, où elle agonise lors d'une séance violente de désenvoûtement menée par un prêtre et quatre nonnes dans un monastère. Sœur Irina crucifiée pour être exorcisée !

Pour le prêtre orthodoxe, tout est en ordre : « Sœur Irina était possédée par le diable. Elle m'a demandé de l'aider et Dieu l'a délivrée de sa souffrance. »

Sœur Irina n'avait que 23 ans. Le prêtre qui s'est acharné sur elle était est un jeune homme de 29 ans. Et la séance d'exorcisme se passe dans un monastère de Roumanie en 2005[7].

Les charlatans sont légion : il est du devoir de la loi de protéger les citoyens, en particulier les plus faibles, de leurs agissements. Mais, au-delà de l'aspect juridique se pose le problème de l'ordre des valeurs qui fondent une société. En effet, les allégations paranormales, outre les graves dommages directs qu'elles peuvent causer, provoquent aussi des dommages collatéraux. Le mode d'argumentation des pseudo-sciences déteint aussi sur d'autres croyances, notamment celles qui concernent la pollution. Même dans les cas où elle est indéniable, la pollution est parfois dénoncée avec des arguments irrationnels qui visent à toucher les tripes plutôt qu'à stimuler les neurones.

Ainsi dans « l'affaire de la plage du Grau du Roi » où la radioactivité défraya la chronique.

7. L. Niculescu, « Roumanie : sœur Irina exorcisée à mort », *Libération*, 21 juin 2005.

Ayant vu le reportage d'une chaîne de télévision publique sur cette affaire de sables radioactifs, un téléspectateur a téléphoné à la chaîne de télévision qui l'avait diffusé pour signaler que ces sables noirs radioactifs n'avaient rien de bien particulier, ne provenaient pas d'une décharge sauvage en mer de déchets radioactifs mais avaient une origine toute naturelle. Il expliqua que ces sables se composaient essentiellement de « minéraux provenant de la désagrégation de roches volcaniques (magnétite, ilménite, chromite) et de minéraux accessoires (monazite et zircon), lesquels sont naturellement radioactifs ».

À cet instant, la secrétaire avec qui il s'entretenait s'écria : « Mon dieu, et moi qui ai un zircon sur ma bague ! » Le téléspectateur s'est bien sûr empressé de rassurer la secrétaire en lui expliquant qu'elle ne risquait absolument rien à porter un tel bijou. Mais la chaîne de télévision ne s'est pas donné la peine de répercuter sur ses auditeurs les explications qu'il venait de fournir. Par conséquent, les téléspectateurs n'auront eu droit qu'à la première information non pertinente qui va pourtant les alarmer.

On objectera peut-être à mon refus de l'irrationnel sous toutes ses formes au nom des principes de la science : « Mais pourquoi donc ne pas accepter de voir remis en cause ces principes de la science ? »

Parce que la science est une affaire collective : elle appartient à tous, elle a une méthode, des principes[8] qui sont

8. Les principes de base devant, *nécessairement* et *simultanément*, être pris en considération pour tester une théorie sont : l'évidence des faits (« critère expérimentaliste ») ; la compatibilité des arguments (« critère de cohérence logique ») ; les conséquences déduites (« critère utilitaire »). Pour un tour d'horizon, *cf.* H. Broch, « Sciences, pseudo-sciences et zététique », article du *Dictionnaire encyclopédique Quillet actuel*, 1994, p. 184-190.

applicables à de très larges domaines et par tout le monde. Ainsi, à titre d'exemples :

Dans la recherche scientifique, les chercheurs sont humbles : ils peuvent à tout moment rejeter une hypothèse de travail parce qu'elle s'avère non raisonnable, parce qu'elle conduit à des conclusions qui contredisent les connaissances actuelles sans pour autant ouvrir la voie à de nouvelles théories explicatives ; ils peuvent remettre en question des expérimentations au vu de protocoles dont ils n'avaient pas perçu les vices cachés au préalable, etc.

Des expériences reproductibles sont à la base de la méthodologie scientifique. En science, personne ne conteste un expérimentateur parce qu'il serait sceptique ou parce qu'il dégagerait des ondes négatives. On n'a pas besoin de *croire* en la gravitation pour en observer les effets ; même celui qui rejette formellement la théorie de Newton pourra recevoir une pomme sur la tête.

On ne devrait pas avoir besoin de croire aux pouvoirs psychokinétiques pour en observer les prétendus effets ; même un sceptique *doit* pouvoir assister à la valse des tables ou aux torsions de cuillères.

En science, il n'y a pas d'expériences personnelles qu'il suffirait de raconter pour qu'elles servent de base à une théorie avérée. En science, tout ou presque peut se vérifier : de l'hypothèse de départ aux conclusions à l'arrivée en passant par le protocole expérimental au milieu.

Il n'y a pas non plus d'intervention magique ou divine : ce n'est pas en vertu d'un pouvoir (de la pensée, de déplacer des objets à distance, télépathie, don...) que l'on fait des découvertes, sinon peut-être grâce à la puissance de travail. Ce n'est pas grâce aux miracles que l'on *explique* les guérisons inexpliquées ou la conservation de tissus anciens.

Les théories scientifiques sont valables pour tous, partout. Elles ont une valeur prédictive, même lorsqu'elles sont probabilistes ; c'est ce qui fait leur force.

En somme, la science est universelle : quelles que soient les régions dans lesquelles nous vivons, nos coutumes, nos religions ou les merveilles parapsychologiques auxquelles nous croyons, ce sont les *mêmes* principes scientifiques qui régissent l'univers qui nous entoure et permettent les progrès technologiques pour tout le monde. Et, même les effets pervers, diront d'aucuns, sont subis par tout le monde : effet de serre, pollution, incinération de déchets incontrôlée, bombe atomique...

La science n'exclut pas, elle ne divise pas. Au contraire, c'est la croyance aux diverses magies qui oppose les uns aux autres (zodiaque sidéral contre zodiaque tropique, auriculothérapie contre iridologie, etc.), et finit par exclure ceux qui ne sont pas initiés, ou qui ne possèdent pas le don, qui n'ont pas la foi, etc.

Nous avons connu en Europe l'Inquisition qui, sous prétexte de garantir la foi se mêlait de science : Galilée dut ainsi renoncer à faire savoir que la Terre tournait autour du Soleil. Au lieu de revoir honnêtement leur doctrine remise en question en admettant s'être trompés, les dignitaires de l'Église ont préféré sauver leurs dogmes et sacrifier la découverte scientifique.

Il faut prendre garde que les religions ne conduisent au paranormal. Elles concernent la sphère privée. Mais le mystique qui sommeille en chacun de nous ne doit jamais engourdir notre intelligence qui ouvre grand les portes de la compréhension du monde.

Le surnaturel, le paranormal, c'est l'enfermement dans un cercle rigide de pensée, c'est ne voir le monde qu'à travers un prisme déformant, c'est le lit du fanatisme. Le surnaturel et le paranormal ont besoin de chefs ou de gourous pour montrer la voie.

Il est du devoir des scientifiques d'analyser et de disséquer ces formes d'obscurantisme pour que les hommes conservent leur liberté de penser.

« Si l'homme n'avait pas opposé à l'apparence ses successifs mondes de Vérité, il ne serait pas devenu rationaliste, il serait devenu singe[9]. »

9. André Malraux, *La Métamorphose des dieux*, Gallimard, 1957.

REMERCIEMENTS

Je tiens à remercier tout particulièrement Nadine Péglion pour sa participation et son aide constante.

TABLE

DU MÊME AUTEUR

La Mystérieuse pyramide de Falicon, France-Empire, 1976.

Mécanique. Statique et dynamique des fluides (avec Dan Vasilescu), Bréal, 1977.

Le Paranormal, Seuil, 1985-2001.

Au cœur de l'extra-ordinaire, Book-e-book, coll. « Zététique », 1991-2005.

Devenez sorciers, devenez savants (avec Georges Charpak), Odile Jacob, 2002.

Ouvrage publié sous la responsabilité
éditoriale de Gérard Jorland

CET OUVRAGE A ÉTÉ TRANSCODÉ ET MIS EN PAGES
CHEZ NORD COMPO (VILLENEUVE-D'ASCQ)
ET ACHEVÉ D'IMPRIMER
PAR L'IMPRIMERIE FLOCH À MAYENNE
EN AOÛT 2006

N° d'impression : 66291.
N° d'édition : 7381-1739-X.
Dépôt légal : août 2006
Imprimé en France